Jonas Winterbach

Das Geheimnis von Stonehenge

Was wir wissen - was wir vermuten

Alle Fakten in diesem Buch wurden vom Autor sorgfältig recherchiert und geprüft. Eine Garantie für die Richtigkeit kann dennoch nicht übernommen werden.

Eine Haftung des Autors beziehungsweise des Verlags für jegliche Personen-, Sach- und Vermögensschäden ist daher ausgeschlossen.

Alle Ähnlichkeiten mit lebenden Personen und realen Handlungen sind rein zufällig.

Für die Erstellung von Grafik und Text wurden teilweise KI-basierte Programme eingesetzt.

Impressum:

unter dem Pseudonym Jonas Winterbach

Kontakt:

André Ullmann

Heidvierthweg 11

25712 Hochdonn

info@andre-ullmann.de

Auflage: 8 / 2025

Jonas Winterbach
Das Geheimnis der Pyramiden von Gizeh
Was wir wissen - was wir vermuten

Jonas Winterbach
Das Geheimnis von Machu Picchu
Was wir wissen - was wir vermuten

Jonas Winterbach
Das Geheimnis von Stonehenge
Was wir wissen - was wir vermuten

Jonas Winterbach
Das Geheimnis von Göbekli Tepe
Was wir wissen - was wir vermuten

Was wir wissen:

Was wir vermuten:

Vorwort

Stonehenge steht seit Jahrhunderten als Sinnbild für Rätsel, Kunstfertigkeit und Ausdauer menschlicher Gemeinschaften. Kaum ein anderes Monument Europas vereint so deutlich technische Meisterschaft und symbolische Kraft. Bilder der Sarsensteine im Morgenlicht sind bekannt, doch hinter der ikonischen Silhouette liegt eine vielschichtige Geschichte. Dieses Buch richtet den Blick auf die gesicherten Erkenntnisse und trennt sie klar von plausiblen, aber nicht abschließend belegten Deutungen. Ziel ist eine verständliche, sorgfältige Darstellung, die Fakten ordnet und Spielräume der Interpretation kenntlich macht.

Der Ansatz folgt den Methoden der Archäologie und der Naturwissenschaften. Stratigrafische Beobachtungen, Radiokarbondaten, optisch stimulierte Lumineszenz, geophysikalische Prospektionen, Geochemie und Isotopenanalysen liefern Bausteine, aus denen ein belastbares Bild entsteht. Ebenso wichtig sind historische Vermessungen, frühe Grabungsberichte und die Entwicklung des Forschungsinteresses vom Antiquarischen zur modernen Archäologie. Aus dieser Verbindung von Daten und Forschungsbiografie erwächst ein Verständnis, das Fortschritte würdigt, Unsicherheiten aber nicht verschweigt.

Der erste Teil widmet sich dem, was als belastbar gilt. Dazu gehören die landschaftlichen Grundlagen der Salisbury Plain mit ihren offenen Horizonten und der Nähe zum River Avon. Sichtachsen, Geländekanten und die Choreografie von

Wegen strukturieren die Umgebung. Die Forschungsgeschichte führt von frühen Beobachtern wie John Aubrey und William Stukeley über die Ausgrabungen von William Hawley und Richard Atkinson bis zu aktuellen Projekten. Die Entwicklung vom lokalen Wahrzeichen zum UNESCO-Welterbe spiegelt sich in Schutzperimetern, Besucherlenkung und Denkmalpflege.

Im Zentrum stehen Planung, Ausrichtung und Architektur des Steinkreises. Maße, Geometrie und die Solstitien-Achse lassen eine präzise Konzeption erkennen. Die handwerkliche Leistung zeigt sich in Zapfen-Pfannen-Verbindungen, Lintelkranz und der bewusst gestalteten räumlichen Dramaturgie. Die Baumaterialien belegen weiträumige Bezüge. Sarsen aus den Marlborough Downs und Blausteine aus den Preseli Hills verweisen auf Auswahl, Transport und Organisation in großem Maßstab. Experimente zu Hebe- und Setzverfahren, Spuren der Steinbearbeitung und naturwissenschaftliche Provenienzstudien erweitern das Bild. Archäologie der Versorgung, die Befunde von Durrington Walls und Hinweise auf saisonale Arbeitskampagnen geben Einblick in Logistik und gesellschaftliche Struktur. Innere Elemente wie Aubrey-Löcher, Sarsenkreis, Trilithon-Hufeisen, Altarstein, Heel Stone und Station Stones werden mit ihren Sequenzen, Funktionen und Eingriffen durch spätere Umbauten beschrieben. Der Blick weitet sich schließlich auf den gesamten Landschaftskomplex mit Avenue, River-Avon-Korridor, Cursus-Monumenten und Barrowfeldern und ordnet Stonehenge in ein Netzwerk von

Plätzen ein. Datierungsmethoden, Phasenpläne und Bayes-Modellierungen liefern die zeitliche Rahmung.

Der zweite Teil behandelt das Feld des Wahrscheinlichen und Möglichen. Neue Messkampagnen mit Georadar, Magnetik und LiDAR lassen verborgene Strukturen und Wege erkennen. Deutungen religiöser Bedeutung und Kultpraxis werden auf Grundlage archäologischer Indikatoren entwickelt. Fragen nach politischer Rolle, Bündnissen, Prestigearchitektur und Gabeökonomie werden mit Vergleichen innerhalb des Wessex-Raums verbunden. Isotopendaten regen Überlegungen zu Herkunft, Mobilität und Biografien an. Astronomische Modelle zur Solstitien-Ausrichtung werden neben Hypothesen zu Mondzyklen diskutiert, mit klarer Benennung von Grenzen. Der Übergang zur Bronzezeit, Veränderungen der Rituale und die Verschiebung von Zentren dienen als mögliche Erklärungen für das Ende der großen Umbauten. Mythen, Legenden und moderne Aneignungen von Stonehenge werden als wirkungsmächtige Erzählungen eingeordnet. Fragen von Erhaltung, Restaurierung, Infrastruktur, Besucherlenkung und Ethik runden den Blick auf Gegenwart und Zukunft des Monuments ab.

Leser erhalten damit ein Buch, das nicht zwischen Sensation und Skepsis schwankt, sondern Maß und Evidenz zum Maßstab macht. Jede Aussage beruht auf nachvollziehbaren Beobachtungen. Wo die Datenlage mehrere Lesarten zulässt, werden Alternativen benannt. So entsteht Transparenz. Die Sprache bleibt bewusst klar, Fachbegriffe werden eingeordnet, ohne den wissenschaftlichen Kern zu verwässern. Das Ziel ist, Neugier zu wecken und Urteilsvermögen zu stärken.

Stonehenge verbindet Handwerk, Landschaft, Ritual und Erinnerung. Wer sich auf diese Verbindung einlässt, entdeckt nicht nur ein Bauwerk, sondern ein System aus Wegen, Blicken und Handlungen. Dieses Buch lädt zu einer Erkundung ein, die Schritt für Schritt vorgeht. Es zeigt, was gesichert ist, und markiert, wo die Forschung noch offene Wege beschreitet. Aus der Spannung zwischen Wissen und Vermuten entsteht die eigentliche Faszination. Genau dort liegt das Geheimnis von Stonehenge.

Viel Freude beim Eintauchen in eine spannende Welt wünscht

Jonas Winterbach

Teil I: Was wir wissen

Landschaft, Lage und Forschungsgeschichte

Die Salisbury Plain liegt wie eine weite Bühne in der Landschaft Südenglands. Wer hier steht, spürt den Reiz offener Horizonte. Der Himmel ist groß, das Licht wandert in breiten Bahnen über ein sanftes Relief. Der Untergrund besteht aus Kreide, einer hellen, porösen Gesteinsmasse aus den Ablagerungen eines uralten Meeres. Auf diesem hellen Fundament haben sich dünne Böden gebildet, die im Sommer schnell austrocknen und im Winter das Wasser rasch versickern lassen. Grasflächen dominieren, Gehölze sind selten. Die Weite verschafft dem Auge freie Sicht in alle Richtungen. In dieser Weite ruht Stonehenge. Das Monument wirkt zugleich monumental und still, und gerade diese Stille lässt die Landschaft zum Teil seiner Aussage werden. Nichts drängt sich vor, nichts lenkt ab. Der Blick bleibt am Stein und am Horizont.

Die Kreidelandschaft hat das Bild des Ortes geformt. Kreide bricht sauber, lässt sich an Geländekanten klar lesen und bildet Plateaus, die sanft zu Flusstälern hin abfallen. Der Boden trägt kurze Rasen, die im Wind schimmern. In der Ferne heben sich langgezogene Rücken ab. An klaren Tagen kann man die Staffelung der Hügel zählen. Diese Offenheit erleichtert die Ausrichtung auf Himmelsereignisse, denn am Horizont gibt es nur wenige Störungen. Die Klarheit der Linien schärft die Wahrnehmung für Achsen, Übergänge und die Stellung der Steine zueinander. In dieser Umgebung lässt sich ein Gelände wie eine Zeichnung verstehen. Linien werden lesbar, als hätte die Landschaft selbst eine verborgene Schrift.

Nicht weit von Stonehenge fließt der River Avon. Der Fluss hat breite Mäander ausgebildet, die sich in den weichen Kreideuntergrund schneiden. Er bringt Bewegung in die stille Ebene. Wasser glitzert, Uferränder schimmern in hellen Tönen, und die Feuchte des Tales bildet einen eigenen Lebensraum. Die Nähe zum Fluss ist mehr als ein geographischer Zufall. Wege führen vom Hochplateau hinab, in Richtung der Ufer. Wer vom Fluss heraufsteigt, erlebt eine Abfolge von Übergängen, vom feuchten Talgrund hinauf zur trockenen Höhe. Der Wechsel verleiht jedem Schritt eine räumliche Bedeutung. In dieser Choreografie aus Tal und Höhe, Wasser und Stein, sind Sichtachsen keine abstrakten Linien. Sie sind die Erfahrung eines Weges im Gelände.

Auch die Geländekanten rund um Stonehenge prägen den Ort. Sanfte Bögen und flache Rücken fassen die Ebene. Wer sich dem Monument nähert, bemerkt, wie der Horizont an bestimmten Punkten tiefer liegt und an anderen aufsteigt. Es gibt Stellen, an denen die Steine plötzlich aus der Linie des Himmels wachsen. Andere Standorte lassen die Anlage flacher erscheinen, beinahe verborgen. Die Kanten des Plateaus markieren natürliche Schwellen. Sie leiten Blicke, ordnen Richtungen und schaffen Kontraste zwischen Nähe und Ferne. Die Landschaft ist kein neutraler Hintergrund, sondern Teil eines Regiebuchs, das Wege, Haltepunkte und

Blickfenster vorgibt.
Dass die Ausrichtung eine Rolle spielt, spürt man bereits beim ersten bewussten Gang über das Gelände. Der Zugang aus Nordosten, der Verlauf der Avenue, die Stellung des Heel Stone und die Öffnung der inneren Strukturen weisen auf eine Linie, die zum Sommeraufgang und zum Winteruntergang der Sonne führt. In der offenen Ebene lässt sich diese Linie mit dem Auge fassen. Die Sonne steigt in einem flachen Bogen über den Kamm, erscheint genau dort, wo die Achse es vorgibt. Die Landschaft verstärkt diesen Effekt. Nichts blockiert das Licht. Der Horizont wird zum stehenden Maß. Auch wenn die genaue Vermessung und Deutung dieser Ausrichtung in späteren Kapiteln ausführlicher behandelt wird, gehört sie hier zum Grundverständnis der Lage. Stonehenge ist in die Landschaft hineingedreht und nicht zufällig gesetzt.
Frühe Beobachter sahen in Stonehenge zunächst ein Rätsel inmitten der Weidegründe. Reisende, Bauern und Landvermesser kannten die Steine seit Jahrhunderten. Doch erst mit dem Aufkommen der Antiquarischen Forschung begannen systematische Beschreibungen. Zu den ersten, die den Ort mit der Absicht aufsuchten, ihn nicht nur zu staunen, sondern zu vermessen und zu ordnen, gehörte John Aubrey. Er bewegte sich in der Gelehrtenwelt des späten 17. Jahrhunderts, die begonnen hatte, Natur und Vergangenheit mit Listen, Plänen und Beobachtungen festzuhalten.
John Aubrey vermaß, skizzierte und notierte. Er ging das Gelände ab, legte Punkte fest und zeichnete Graben und

Wall. Seine Arbeit wirkt heute vorsichtig und doch entschlossen. Er hatte zwar nicht alle Mittel moderner Vermessungstechnik zur Verfügung, aber er sah, dass das Monument aus mehr als einem Kreis von Steinen besteht. Es gibt Gruben, Löcher, Kanten und Spuren, die im Rasen verborgen sind. Die später nach ihm benannten Aubrey Löcher verweisen auf diese erste Aufmerksamkeit für Subtiles. Aubrey machte Stonehenge zum Objekt der systematischen Beschreibung und löste es aus dem Nebel der bloßen Bewunderung.

Ein halbes Jahrhundert später trat William Stukeley auf den Plan. Er brachte eine Mischung aus exakter Beobachtung und lebendiger Vorstellungskraft mit. Stukeley zeichnete sorgfältige Pläne, notierte Maße, markierte Zugänge und sah Zusammenhänge in der Umgebung. Er betonte die Avenue als gestreckte Linie durch das Gelände und brachte den Gedanken an eine rituelle Achse in Umlauf. Zugleich prägte er eine Deutung, die Stonehenge als Heiligtum der Druiden verstand. Diese Lesart war wirkmächtig und wurde zu einem Bild, das sich tief in das öffentliche Bewusstsein einprägte. Stukeley lieferte damit ein frühes Beispiel dafür, wie Vermessung und Deutung zusammengehen und sich gegenseitig verstärken können.

Das 19. Jahrhundert brachte eine neue Genauigkeit. Landesweite Kartierungen nahmen Fahrt auf, und die Ordnance Survey setzte Maßstäbe in der Darstellung von Höhenlinien, Wegen und Landmarken. In diese Zeit fällt auch die präzise Vermessung durch Flinders Petrie. Er nummerierte die Steine, legte eine Ordnung fest, die das Gespräch über das Monument bis heute strukturieren hilft. Frühe Fotografien kamen hinzu und konservierten Ansichten, die längst verloren wären. Man erkennt auf ihnen kipplige Stellungen, abgesackte Lintel und Brüche im Kranz. Diese Dokumente zeigen, dass Stonehenge nicht nur ein beständiges Monument, sondern auch ein dynamisches Gebilde ist, das im Laufe der Jahrhunderte Ergänzungen, Reparaturen und Sicherungen erfuhr.

Zu den ersten richtigen Ausgrabungen zählen die Arbeiten von William Gowland zu Beginn des 20. Jahrhunderts. Er untersuchte den Bereich um einzelne Sarsensteine, dokumentierte Setzgruben und erkannte, dass die Steine nicht einfach in den Boden gestellt, sondern in vorbereitete Schächte gesetzt wurden. Nach dem Ersten Weltkrieg folgten umfangreiche Grabungen unter der Leitung von William Hawley. Er legte Abschnitte des Grabens frei, schnitt durch den Wall, untersuchte die Avenue und fand eine ringförmige Abfolge von Gruben, die später als Aubrey Löcher bezeichnet wurden. Hawley erarbeitete ein erstes Stufenmodell der Anlage und öffnete die Sicht auf ein Monument, das nicht in einem Schritt entstand, sondern in mehreren Bauphasen über lange Zeit hinweg.

In der Mitte des 20. Jahrhunderts prägte Richard Atkinson das Bild von Stonehenge wesentlich. Gemeinsam mit Kollegen setzte er Grabungen fort, ordnete Funde und Befunde und stellte ein Phasenmodell vor, das die Geschichte des Monuments in klare Abfolgen gliederte. In dieser Zeit kam es auch zu Restaurierungen. Umgestürzte oder gefährdete Steine wurden aufgerichtet, lose Lintel neu gesetzt und Gründungen stabilisiert. Solche Eingriffe sind in der Forschung umstritten, weil sie einerseits sichern und andererseits verändern. Sie zeigen, dass Stonehenge nicht nur Gegenstand wissenschaftlicher Neugier, sondern auch ein nationales Anliegen ist. Der Ort blieb nicht sich selbst überlassen. Er wurde gepflegt, geschützt und zugleich neu gestaltet.

Parallel zu Vermessungen und Grabungen entstand eine reiche Bildtradition. Zeichner und Maler hielten Stonehenge in Kupferstichen, Aquarellen und später in Fotografien fest. Diese Bilder prägen die Vorstellung vom Monument bis heute. Manche zeigen das Ensemble in dramatischem Licht gegen einen dunklen Himmel. Andere betonen die Regelmäßigkeit der Kreise. Wieder andere verorten das Monument in einer von Rundhügeln übersäten Ebene, in der sich das Auge von Hügel zu Hügel bewegt. Frühe Illustrationen dienten nicht nur der Dokumentation. Sie formten das kulturelle Gedächtnis und gaben dem Ort eine Aura, die weit über seine physische Präsenz hinausreicht.

Vom lokalen Wahrzeichen entwickelte sich Stonehenge zu einem Monument von weltweiter Bedeutung. Die Eintragung in die Liste des UNESCO Welterbes erfolgte im Jahr 1986. Gemeinsam mit Avebury und den umliegenden prähistorischen Landschaftselementen wurde die außergewöhnliche universelle Bedeutung anerkannt. Damit einher ging die Verpflichtung, das Ensemble in seiner

Integrität zu erhalten. Managementpläne, Pufferzonen und Schutzperimeter wurden festgelegt. Der Blick auf Stonehenge richtet sich seither nicht allein auf den Kreis aus Sarsen und Blaustein. Er umfasst das Netzwerk aus Wegen, Gräben, Grabhügeln und Sichtbeziehungen in der gesamten Kulturlandschaft.

Die Besucherlenkung wurde neu organisiert. Ein modernes Besucherzentrum entstand in einiger Entfernung von den Steinen. Es vermittelt die wichtigsten Befunde, zeigt Funde und Modelle und ordnet das Monument in den größeren Kontext der Landschaft ein. Von dort fahren Shuttles zu einer Haltestelle in der Nähe der Anlage. Der frühere Parkplatz unmittelbar am Monument wurde aufgegeben. Die Verlegung der Infrastruktur schafft Raum und Ruhe, damit die weiten Horizonte wieder wirken können. Besucher erreichen die Steine zu Fuß und erleben den Übergang vom Informationsraum des Zentrums in die offene Ebene, die das eigentliche Medium des Ortes ist.

Zum Schutz des Monuments gelten klare Zugangsregeln. Die Steine sind durch Seile und Markierungen gefasst. Der direkte Zugang in den Kreis ist außerhalb weniger Termine begrenzt. An den Tagen der Sonnenwenden öffnet sich der Raum in kontrollierter Form. Menschen kommen zusammen, um den Sonnenaufgang oder den Untergang in der Achse der Anlage zu erleben. An anderen Tagen lenken Wege die Besucher entlang definierter Linien. Forschung findet nach Genehmigung statt. Eingriffe in den Boden werden minimal gehalten und sind gut dokumentiert. Der Schutz umfasst nicht nur Steine und Gräben, sondern auch den unmittelbaren Raum, in dem Jahrhunderte von Spuren in dünnen Schichten lagern.

Der Wandel der Deutungen begleitet die Forschungsgeschichte wie ein zweiter Text. Frühe Autoren suchten Erklärungen in bekannten Mustern. Inigo Jones deutete Stonehenge als Werk der Römer. William Stukeley prägte das Bild eines Heiligtums der Druiden. Diese Sicht wurde in der Romantik liebgewonnen und hielt sich in populären Darstellungen zäh. Maler setzten Priesterfiguren in weiße Gewänder vor die Steine. Reiseführer erzählten von geheimen Riten in der Morgendämmerung. Solche Bilder sprechen die Vorstellungskraft an. Sie sind Teil der Wirkungsgeschichte, auch wenn sie sich mit archäologischen Befunden nur begrenzt decken.

Im 20. Jahrhundert trat eine stärker naturwissenschaftlich geprägte Sicht hinzu. Exakte Vermessungen, stratigraphische Beobachtungen und naturwissenschaftliche Datierungen erlaubten es, Bauphasen zu unterscheiden und Materialwege zu verfolgen. Diskussionen über astronomische Ausrichtungen gewannen an Kontur. Modelle, die Stonehenge als Observatorium deuteten, erhielten breite Aufmerksamkeit. Die Forschung prüfte diese Ansätze, verfeinerte sie und ordnete sie in ein Gesamtbild ein, das rituelle Praxis, soziale Organisation und Landschaftsnutzung umfasst. Die Moderne verabschiedete sich von einfachen Monokausalen Erklärungen. Stonehenge wurde zu einem Projekt, in dem viele Fäden zusammenlaufen.

Die Landschaft selbst ist dabei ein ständiger Prüfstein. Sichtachsen lassen sich begehen und beobachten. An bestimmten Punkten fügen sich Steine, Graben und Horizont in eine Linie. An anderen lösen sich diese Linien auf. Wer den Weg vom Fluss hinauf nimmt, erfährt die Abfolge aus Wasser, Hang und Höhe. Wer von den Downs herabkommt, sieht das Monument in die Ebene gesetzt. Die Geländekanten wirken wie Tore, obwohl sie keine Mauern besitzen. Diese Erfahrung des Raums ist Teil dessen, was Stonehenge ausmacht. Das Monument ist keine isolierte Skulptur. Es ist ein Knotenpunkt in einem Netz von Wegen und Blicken.

Die Forschungsgeschichte spiegelt auch technische Fortschritte. Luftbilder eröffneten neue Perspektiven auf Gräben und Wege. Später kamen geophysikalische Prospektionen hinzu. Magnetik, Bodenradar und Oberflächenmodelle lassen Strukturen sichtbar werden, die im Rasen verborgen sind. Laserscans erzeugen Höhenmodelle, in denen kleinste Wellen im Gelände zu lesen sind. Digitale Rekonstruktionen fügen Befunde zusammen und ermöglichen es, Sequenzen zu testen. Die moderne Dokumentation baut auf den Plänen und Listen der Pioniere auf und führt sie in anderen Maßstäben fort. So ergibt sich ein Archiv der Landschaft, das ständig wächst und verfeinert wird.

Die Verwaltung des Denkmals ist zu einem eigenen Thema geworden. English Heritage sorgt für Betrieb und Vermittlung. Der National Trust betreut weite Teile der umgebenden Flächen. Beide arbeiten daran, den Ort erlebbar zu machen und zugleich zu schützen. Es geht um Wegeführung, Mähregime, Zäune, Forschungsfenster und die Balance zwischen Zugang und Erhaltung. Debatten über Verkehrstrassen in der Nähe zeigen, wie eng das Monument mit der heutigen Welt verknüpft ist. Jede Veränderung in der Infrastruktur hat Auswirkungen auf Sichtbeziehungen, Geräuschkulisse und das Empfinden von Weite. Das Management muss daher zugleich technisch, rechtlich und kulturell denken.

Die Geschichte vom lokalen Wahrzeichen zum Welterbe ist auch eine Geschichte der Öffentlichkeit. Stonehenge steht in Schulbüchern, auf Plakaten und in Filmen. Menschen kommen aus vielen Ländern, um die Steine zu sehen. Mit der Präsenz wächst die Verantwortung. Es geht um klare Informationen, um den Respekt vor dem Ort und um die Anerkennung unterschiedlicher Zugänge. Für manche ist Stonehenge ein Meisterwerk der Frühgeschichte. Für andere ein spiritueller Ort. Für wieder andere ein Symbol nationaler Identität. Der Umgang mit diesen Erwartungen verlangt Fingerspitzengefühl und transparente Regeln.

Gleichzeitig bleibt der Kern archäologisch. Gruben, Schnittkanten, Füllungen, Scherben und Knochen liefern die Grundlage für jedes größere Bild. Ausgrabungen sind selten und gezielt. Sie greifen nur dort ein, wo Fragen anders nicht zu klären sind. Ein Abschnitt im Graben kann Jahrzehnte der Nutzung zeigen. Eine unscheinbare Verfärbung kann die Stelle eines Pfostens markieren. Der Rasen überdeckt ein dichtes Archiv. Wer dieses Archiv liest, verbindet die

Landschaft mit Zeit. Die Ebenen aus Kreide werden zu Seiten eines Buches, in dem jede Schicht eine Spur bewahrt.
Die Namen der frühen Forscher gehören zu diesem Buch. John Aubrey, William Stukeley, Flinders Petrie, William Gowland, William Hawley und Richard Atkinson stehen für Blickrichtungen, Methoden und Epochen. Jeder von ihnen sah Stonehenge in einem bestimmten Licht. Zusammen zeichnen sie eine wachsende Klarheit. Aus dem staunenden Blick wurde ein fragender, aus dem fragenden ein messender, aus dem messenden ein modellierender. Diese Abfolge beschreibt den Weg von der Bewunderung zur Analyse und weiter zur Synthese. Die Forschungsgeschichte ist daher nicht nur ein Hintergrund, sondern eine aktive Kraft, die den Ort immer neu formt.
Wer heute am Rand des Grabens steht, sieht beides. Die Ruhe eines uralten Monuments in weiter Ebene und die Spuren einer langen Annäherung an sein Geheimnis. Die Kreidelandschaft bietet dafür die ideale Bühne. Offene Horizonte lassen die Achsen sprechen. Die Nähe zum River Avon bindet das Monument an Wasser und Weg. Geländekanten führen den Blick und setzen Höhepunkte. Die frühen Beobachter schufen die Sprache, in der bis heute über Stonehenge gesprochen wird. Die ersten Ausgrabungen legten die Basis für eine Chronologie. Pläne, Vermessungen und Illustrationen gaben dem Ort eine Form, die sich verbreiten ließ. Aus dem lokalen Wahrzeichen wurde ein Weltort, geschützt, geregelt und doch lebendig.
Der Wandel der Deutungen ist Teil seiner Lebendigkeit. Das

Bild vom Druidentempel hat die Fantasie befeuert. Die Romantik gab dem Ort Gefühl und Ton. Die Moderne stellte Beobachtungen nebeneinander und suchte nach belastbaren Mustern. Heute gilt Stonehenge nicht als ein Monument mit einer einzigen Funktion, sondern als komplexes Ensemble mit einer Geschichte über Jahrhunderte. Die Landschaft hilft, diese Komplexität auszuhalten. Sie relativiert den Drang zur schnellen Erklärung. In der Weite liegt Geduld. In der Klarheit der Linien liegt Genauigkeit. Beides zusammen führt zu einer Art Gelassenheit im Blick auf die Vergangenheit.

So beginnt Teil I mit der Verortung. Stonehenge liegt nicht irgendwo, sondern genau hier. Auf Kreide, unter freiem Himmel, nahe einem Fluss, an Kanten, die Blicke lenken. Der Ort ist erfahren, vermessen und beschrieben worden. Viele Augen sahen ihn, viele Hände haben ihn gezeichnet, gemessen, gepflegt und gesichert. Das Monument ist damit beides. Ein fester Punkt in der Landschaft und ein offener Prozess im Denken. Diese doppelte Natur macht seinen Reiz aus. Wer das versteht, liest im Folgenden die Phasen, Materialien, Wege und Organisationsformen nicht als lose Kapitel, sondern als Teile eines zusammenhängenden Ganzen. Die Landschaft ist der Anfang dieser Lektüre. Sie ist der Rahmen, in dem jede weitere Beobachtung Sinn gewinnt.

Historischer Kontext der Jungsteinzeit und Frühbronzezeit

Der historische Kontext von Stonehenge beginnt lange vor dem ersten Aushub des Kreisgrabens. Wer die Entwicklung von der Jungsteinzeit zur Frühbronzezeit in Britannien verfolgt, erkennt ein Geflecht aus technischen Neuerungen, religiösen Ideen, sozialen Netzwerken und weiträumigem Austausch. In dieser Zeit verwandelt sich die Landschaft, die Menschen verändern ihre Lebensweise und Monumente wachsen zu Maßstäben heran, die bis heute beeindrucken. Stonehenge ist in diesem Prozess kein isoliertes Wunder, sondern ein Knotenpunkt in einer langen Geschichte von Innovation, Ritual und sozialer Organisation.

Mit der Neolithisierung setzt um 4000 vor Christus eine der tiefgreifendsten Umbrüche der britischen Vorgeschichte ein. Ackerbau und Viehhaltung treten an die Stelle der vorangegangenen Lebensweise, die auf Jagd, Sammeln und saisonales Wandern ausgerichtet war. An den fruchtbaren Rändern der Flusstäler entstehen Felder, Rinder und Schafe werden zu Konstanten des Alltags. Sesshaftigkeit bedeutet nicht sofort dichte Dörfer aus festen Häusern, sondern zunächst ein Mosaik aus Hofplätzen, Gärten, Speichergruben und kurzlebigen Bauten. Die Kreidelandschaften Südenglands, zu denen auch die Salisbury Plain gehört, bieten offene Horizonte, gute Weidegründe und eine Erde, die sich mit antiken Werkzeugen bearbeiten lässt. Entlang natürlicher Wege über die Höhenrücken werden Waren und Ideen bewegt. Polierte Steinbeile aus entlegenen Regionen zirkulieren als Arbeitsgeräte und Prestigeobjekte gleichermaßen. Mit den neuen Wirtschaftsweisen entstehen Pflichten und Möglichkeiten. Ein Vorratsüberschuss erlaubt Feiern, Tausch und politische Anerkennung, verlangt aber auch Schutz, Planung und die Fähigkeit, Menschen zu koordinieren.

Die Neolithisierung bringt eine neue Monumentaltradition hervor. Zunächst entstehen Langhügel, die Long Barrows, in denen kollektive Bestattungen ruhen. Sie liegen oft an Geländekanten, gut sichtbar in der Landschaft. Mit ihrer klaren, langgestreckten Form markieren sie nicht nur Grablegen, sondern verankern Erinnerungen an Ahnen im Raum. Bald darauf werden große, von Gräben gegliederte Plätze angelegt, die als Causewayed Enclosures bekannt sind. Unterbrechungen im Graben erlauben den Zugang. Hier treffen sich Menschen saisonal, tauschen Güter, schließen Heiratsbündnisse, verhandeln Konflikte und bekräftigen ihre Bindungen. Noch älter als Stonehenge ziehen sich die Cursus-Monumente als lange, parallele Wälle und Gräben über die Höhen. Sie sind Prozessionsstrecken und Grenzlinien, die Wege ordnen und Blickachsen straff ziehen. Später treten die Henges auf, kreisförmige Anlagen aus Graben und Wall mit einem oder mehreren Eingängen. Diese Kreise rhythmisieren die Landschaft, stiften Orte für Zusammenkunft und Ritual und bilden den architektonischen Rahmen, in den auch Stonehenge gestellt wird.

Die Wessex-Region gewinnt in dieser Entwicklung besonders an Gewicht. Zwischen Marlborough Downs, Avon und Test, zwischen Ridgeways und weiten Ebenen spannt sich ein dichtes Netz von Wegen, Landmarken und Heiligtümern. Austausch verknüpft Täler und Küsten, Kreidehügel und Flussläufe. Flint aus hochwertigen Lagen wird zu Klingen, Schabern und Bohrern verarbeitet, deren Fertigung große Geschicklichkeit verlangt. Polierte Beile aus dem Lake District und sogar aus alpinem Gestein tauchen weit im Süden auf. In die andere Richtung wandern Salz, Textilien und tierische Produkte. Der Name Wessex steht später für eine besondere Ausprägung frühbronzezeitlicher Elitenkultur, doch die Wurzeln reichen in die mittlere und späte Jungsteinzeit. Hier wachsen die Voraussetzungen für große Gemeinschaftsleistungen. Materialien, Handwerker, Nahrung und Tiere können zu bestimmten Zeiten zusammengeführt werden. Wissen verbreitet sich entlang der Routen. Die Menschen lesen die Landschaft wie ein offenes Buch, dessen Seiten aus alten Grabhügeln, linearen Wällen, Flussbiegungen und markanten Steinen bestehen.

In diese dynamische Welt fällt der Beginn der Metallurgie. Zuerst kommt Kupfer auf, das schwerer zu gewinnen ist als Flint, aber neue Formen der Darstellung von Status und Geschick ermöglicht. Der Übergang zur Bronze setzt ein, sobald Zinn zum Legieren in ausreichender Menge zur Verfügung steht. Metall ist nicht einfach ein neues Material. Es verändert das Gefüge von Macht, denn der Zugriff auf Erzquellen, die Kontrolle über Herstellung und die Fähigkeit, begehrte Gegenstände zu verschenken, schaffen Spielräume für Führung. Gleichzeitig bleibt Stein wichtig. Scharfe

Flintklingen und aufwendig polierte Beile bleiben in Gebrauch. Die Gleichzeitigkeit der Materialien ist typisch für die Übergangszeit. Tradition und Innovation werden miteinander verwoben.
Eng verknüpft mit dem frühen Metall tritt in Britannien die Beaker-Kultur in Erscheinung. Charakteristisch sind glockenförmige Gefäße, fein gearbeitete Pfeilspitzen, Armschützer aus Stein und ein ausgeprägter Fokus auf Einzelbestattungen unter kleinen Hügeln. Viele dieser Gräber zeigen Grabbeigaben, die auf Jagd und Fernkontakte verweisen. Die Beaker-Phänomene verbreiten sich über weite Teile Europas. In Britannien beschleunigen sie die Abkehr von kollektiven Bestattungen hin zu individuellen Gräbern. Isotopenanalysen von Zähnen und Knochen weisen auf Mobilität hin. Einzelne Personen, darunter hochrangige Bogenschützen, stammen nicht aus der unmittelbaren Umgebung, sondern sind in ihrer Jugend in Regionen mit anderer Geologie aufgewachsen. Diese Befunde lassen auf Netzwerke schließen, in denen Menschen mit besonderen Fähigkeiten und Beziehungen eine sichtbare Rolle spielen. In der Nähe von Stonehenge finden sich Gräber mit reichen Beigaben. Sie verweisen auf ein Umfeld, in dem Metall, Handwerk und Symbolik zusammenkommen.
Siedlungslandschaften dieser Zeit sind vielgestaltig. Auf der Salisbury Plain bestehen Häuser oft aus Holzpfosten und Flechtwerk, die Dächer sind mit Rasen oder Reet gedeckt. Die Spuren sind meist flüchtig, doch Gruben, Pfostengruben und Abfallhorizonte verraten Kochplätze, Arbeitsbereiche und

Vorratseinrichtungen. Menschen leben nicht gleichmäßig verteilt, sondern in Clustern, die zum Teil saisonal belebt werden. Besonders in der Nähe großer Monumente ballen sich Aktivitäten zu bestimmten Zeiten des Jahres. Rinder- und Schweineknochen zeigen Schlachtmuster, die auf Winter- und Hochsommerfeste deuten. Getreidevorräte, Käse, Bier und Fleisch stehen bereit, wenn Arbeiten an Wällen, Gräben oder Steinsetzungen anstehen. Gemeinschaftsarbeit, Ritual und Fest bilden eine Einheit. Wer teilnimmt, erhält Anerkennung, knüpft neue Bande und teilt an den Gaben der Gastgeber.

Durrington Walls nordöstlich von Stonehenge bezeugt diese zyklischen Versammlungen in beeindruckender Dichte. Die gewaltige Henge-Anlage steht in Verbindung mit einem ausgedehnten Siedlungsplatz. Herdstellen, Pfostenringe, zahlreiche Tierknochen und Gefäßfragmente zeigen, wie sehr Essen und Trinken die Menschen zusammenschweißen. Schweine werden in großer Zahl geschlachtet, Rinder liefern wertvolles Fleisch und Häute, deren Verarbeitung Geschick und Zeit erfordert. Die Ankunft von Gästen aus unterschiedlichen Regionen hinterlässt eine geochemische Signatur in den Knochen der Tiere, die sie mitbringen. Diese saisonalen Zentren sind keine anonymen Märkte. Sie sind Orte der Wiederbegegnung, der Erinnerung an die Ahnen und der Erneuerung von Verpflichtungen. Auf den Prozessionswegen zwischen Durrington Walls, Woodhenge, der Avenue und Stonehenge entfaltet sich eine Choreografie, die die Landschaft, die Architektur und die

Himmelsrichtungen zusammenbindet.

Ritualwirtschaft ist ein Schlüssel zum Verständnis dieser Welt. Prestigeobjekte wie geschliffene Keulenknäufe, sorgfältig gearbeitete Pfeilspitzen, fein profilierte Becher und seltene Materialien zirkulieren nicht einfach als Tauschware. Sie werden verschenkt, übergeben, erneuert und in den Boden deponiert. Feiern dienen als Bühne, auf der Großzügigkeit und Organisation sichtbar werden. Wer Tiere füttert, Handwerker beherbergt, Gefäße bereitstellt und Arbeitstrupps koordiniert, stellt Macht zur Schau, ohne sie als Zwang erscheinen zu lassen. Solche Formen der Macht sind an Personen gebunden, die Wissen und soziale Fäden in der Hand halten. Der Bau großer Monumente wie Stonehenge macht diese Positionen sichtbar. An der Qualität der bearbeiteten Steine, an der Präzision der Ausrichtung, an der Versorgung der Arbeiter und am Ablauf der Rituale lässt sich ablesen, dass Planung und Autorität vorhanden sind, jedoch in einer Form, die kollektive Teilnahme betont.

Vor diesem Hintergrund lässt sich die chronologische Einordnung von Stonehenge schärfen. Die früheste Phase reicht in die Zeit um 3000 vor Christus. Ein kreisförmiger Graben wird ausgehoben und der Aushub zu einem Wall aufgeschüttet. Die Eingänge richten sich nach einer gedachten Linie, die sich später als Solstitienachse erweist. In den Randzonen des Innenraums liegen die Aubrey-Löcher, eine Serie gleichmäßig gesetzter Gruben. In ihnen werden in der Folgezeit zahlreiche kremierte Bestattungen niedergelegt. Stonehenge fungiert in dieser Phase als Begräbnisstätte, als

Ort des Gedenkens und der heiligen Ordnung des Raumes. Die zweite Phase setzt Veränderungen im Inneren in Gang. Pfostenstellungen aus Holz und weitere Deponierungen strukturieren die Fläche. Der Ort gewinnt an Komplexität, doch noch stehen keine mächtigen Steine.

In der mittleren Phase des dritten Jahrtausends werden die ersten Blausteine herangeschafft. Sie stammen aus dem fernen Westen, aus den Preseli Hills in Wales. Ihr Transport erfordert Planung, Arbeitskraft, Fahrzeuge, Boote und vor allem die Fähigkeit, Risiken zu minimieren. Blausteine sind kleiner als die späteren Sarsen, aber ihre Bedeutung liegt in ihrer Herkunft, ihren Farben und vielleicht in Geschichten, die mit ihnen verbunden sind. Ihre Aufstellung in Kreisen und Hufeisen erzeugt eine neue räumliche Ordnung. Kurz darauf folgen die großen Sarsenblöcke, die den äußeren Kreis und die ikonischen Trilithen bilden. Die Lintelsteine verbinden die Ständer mit passgenauen Zapfen und Pfannen. Eine horizontale Krone umschließt den Himmel. Diese architektonische Leistung verankert Stonehenge als monumentales Zentrum im Wessex-Raum.

Parallel zu dieser Bautätigkeit wächst das Netzwerk der Orte in der Umgebung. Die Avenue verbindet Stonehenge mit dem Fluss Avon. Auf der Trasse sind die Spuren von Prozessionen zu vermuten, die zwischen dem Wasser und dem Steinkreis hin und her ziehen. Der Fluss ist nicht nur Transportweg, sondern eine Grenze und ein Übergang. Holzmonumente wie Woodhenge reihen sich in die Logik der Landschaft ein. Die Dichotomie aus Holz und Stein, die an vielen Orten Britanniens zu beobachten ist, findet auch hier Ausdruck. Holz steht für Vergänglichkeit und Leben, Stein für Dauer und Ahnen. Wer von der Avenue zum Steinkreis schreitet, bewegt sich von der Welt des Werdens in die Welt der Erinnerung.

Die späte Jungsteinzeit und der Beginn der Frühbronzezeit sind keine Bruchkante, sondern eine Staffelung von Schwerpunkten. Während die großen Steinsetzungen in ihrer Vollendung beeindrucken, setzt sich in der Bestattungssitte die Tendenz zur Einzelgrablege unter kleinen Hügeln durch. In Sichtweite von Stonehenge entstehen ganze Felder solcher Rundhügel. Sie besetzen Höhenrücken, fassen Sichtachsen und betonen die Präsenz von Familien und Linien. In einigen Gräbern liegen Objekte von außergewöhnlicher Qualität. Ein goldener Schmuck, sorgfältig gearbeitete Dolche, fein gearbeitete Armschützer und Perlen aus seltenem Material sind nicht nur Zeichen von Reichtum, sondern von weiträumigen Verbindungen. Diese Gräber sind keine zufälligen Beigaben an einen Ort. Sie bilden mit Stonehenge ein Ensemble aus Macht, Erinnerung und Symbolik.

Damit verschiebt sich auch das Gewicht der Rituale. Die großen Feste bleiben, doch die Formen der Repräsentation ändern sich. Metallhandwerker beherrschen Techniken, die auf weite Anerkennung stoßen. Geometrische Ornamente und exakt geschliffene Flächen zeigen eine Ästhetik der Kontrolle und des Maßes. Der berühmte Goldlozenge aus einem reichen Grab südlich von Stonehenge verkörpert diese Haltung. Die Präzision der Linien suggeriert ein Wissen um

Himmelsläufe und zyklische Zeit. Solche Objekte werden nicht zufällig getragen oder abgelegt. Sie sind Bestandteile einer symbolischen Sprache, in der Ordnung, Status und kosmische Bezüge miteinander verschmelzen.

Im Alltag bleibt die Landwirtschaft die Grundlage. Rinder sind Zug- und Prestigetiere, Schweine liefern Fleisch für Feste, Schafe geben Wolle und Milch. Getreide wie Emmer und Einkorn, später Gerste, wird auf leichten Böden angebaut. Spezialisierte Standorte für die Rohstoffgewinnung entstehen. Feuersteinbrüche, Brennplätze für Keramik, Plätze für Schmelzversuche und Werkstätten für Knochen- und Geweihbearbeitung sind Teil der Produktionslandschaft. Transporte verlaufen über Höhenwege, denn dort droht weniger Nässe und die Sicht reicht weit. Flüsse dienen als Achsen des Austauschs. Auf der Salisbury Plain fällt der Blick oft bis zum Horizont, und dies ist nicht nur ein Bild der Natur, sondern ein Element der Kommunikation. Wer auf einem Hügel einen Grabhügel errichtet, platziert eine Aussage inmitten eines alten Gesprächs aus Linien und Punkten in der Landschaft.

Die Einordnung der Stonehenge-Phasen in diese größere Geschichte macht deutlich, dass jedes Bauereignis auf vorhandenen Traditionen aufsetzt und neue Akzente setzt. Der frühe Kreisgraben knüpft an Henge-Formen an und öffnet die Bühne für Bestattungen. Die Einführung der Blausteine fügt eine ferne Herkunft und damit Erzählungen von Reise und Wahl hinzu. Mit den Sarsen entsteht eine beispiellose architektonische Ordnung, die Geometrie und

Himmelsausrichtung verknüpft. Die Avenue bindet das Monument in die Prozessionslandschaft ein und schafft eine Achse zwischen Fluss und Kreis. Die späteren Rundhügel legen eine neue Schicht sozialer Darstellung über die Ebene und verlagern den Blick zeitweise vom Kreis zu einzelnen Personen und Linien. Am Ende der intensiven Nutzungsphasen verliert Stonehenge nicht plötzlich seine Bedeutung, doch die Formen der Aufmerksamkeit wandern. Andere Zentren werden wichtiger, Metallobjekte tragen Bedeutung in tragbaren Formen, und Gedächtnis speichert sich in Grabhügeln, die Familien und Gruppen markieren.

Diese Entwicklungen sind nur zu verstehen, wenn man Austausch und Fernkontakte ernst nimmt. Britannien ist keine abgeschlossene Inselwelt. Quer über den Ärmelkanal verbinden Wege die südenglischen Küsten mit Armorica und der Normandie. Nordwärts gibt es Brücken in Richtung Irland und Schottland. Waren wandern und mit ihnen Lieder, Geschichten, Techniken und Rituale. Das Becherphänomen zeigt, wie schnell sich Stile und Gewohnheiten verbreiten können, wenn Menschen weiterziehen, heiraten und an neuen Orten Wurzeln schlagen. Metall verbindet jene, die über Erzquellen wachen, mit jenen, die fertige Objekte begehren. Solche Ströme verstärken die Rolle von Knotenpunkten. Stonehenge ist einer dieser Knoten, weil es Architektur, Ritual, Geometrie, Topografie und Tauschbeziehungen bündelt.

In der Rückschau lässt sich ein Spannungsfeld erkennen, das die Jahrhunderte prägt. Auf der einen Seite stehen Formen kollektiver Erinnerung. Langhügel, Cursus und frühe Henges sind Orte, an denen das Wir der Gemeinschaft betont wird. Auf der anderen Seite stehen Zeichen individueller oder gruppenbezogener Repräsentation. Einzelgräber, metallene Prunkobjekte und streng kontrollierte Formen der Darstellung rücken einzelne Rollen in den Vordergrund. Stonehenge vermittelt zwischen beiden Polen. Der Steinkreis ist als Bühne für alle sichtbar, doch sein Inneres, seine gezielten Sichtachsen und sein Umgang mit besonderen Materialien sprechen eine Sprache, die nur jene vollständig verstehen, die in die Rituale eingeweiht sind. So bleibt das Monument offen und exklusiv zugleich.

Die Jungsteinzeit und Frühbronzezeit Britanniens ist damit weit mehr als nur die Epoche der großen Steine. Sie ist eine Zeit der Organisationskraft. Ackerbau und Viehhaltung schaffen die Grundlage für Überschüsse. Monumente bündeln Aufmerksamkeit und Arbeitskraft. Netzwerke tragen Ideen über weite Strecken. Metall öffnet neue Formen von Handwerk und Status. Feste machen Bindungen sichtbar und erneuern sie in zyklischem Rhythmus. Innerhalb dieses Geflechts nimmt Stonehenge seinen Platz ein. Es entsteht nicht aus dem Nichts, sondern aus einem Repertoire von Formen und Bedeutungen, die in Wessex zusammenlaufen. Seine Phasen spiegeln das Wechselspiel von Tradition und Innovation, von Erinnerung und Macht, von Himmel und Erde.

Wer Stonehenge heute betrachtet, betritt eine Landschaft, in der diese Geschichte noch eingeschrieben ist. Die offenen

Horizonte der Salisbury Plain, die Linien der alten Wälle, die Rundhügel auf den Kämmen, die Entfernung zum Fluss und die stille Geometrie des Steinkreises sprechen miteinander. Die Jungsteinzeit und Frühbronzezeit lieferten die Sprache, die Grammatik und die Themen dieses Gesprächs. Die folgenden Kapitel werden zeigen, wie genau die Planer das Monument ausrichteten, welche Materialien sie wählten, wie sie Stein bearbeiteten, Lasten bewegten und Menschen organisierten. Doch all dies gewinnt Bedeutung erst vor dem Hintergrund der großen Transformation, die mit der Neolithisierung begann und in den frühbronzezeitlichen Netzwerken ihren Glanz und ihre Brüche fand. Stonehenge ist darin ein konzentriertes Echo einer Zeit, in der neue Lebensweisen, alte Erinnerungen und weite Verbindungen zusammenkamen.

Planung, Ausrichtung und Architektur

Die Planung, Ausrichtung und Architektur von Stonehenge verbinden technische Präzision, räumliche Symbolik und eine bewusst inszenierte Dramaturgie der Bewegung. Wer die Anlage als Ganzes betrachtet, sieht kein zufällig gewachsenes Ensemble, sondern ein in mehreren Phasen entwickeltes System aus Graben, Wall, Eingängen, Steinkreisen, Achsen und Prozessionswegen. Die Baumeister schufen eine Bühne, auf der Himmel, Landschaft und menschliche Handlungen zu einem Gesamtereignis verschmolzen. In den Maßen und Details steckt eine Konsequenz, die weit über reines Nutzdenken hinausweist. Die Anlage stellt eine Antwort auf Fragen nach Ordnung, Zeit und Zugehörigkeit dar und bindet die Gemeinschaft durch wiederkehrende Rituale und Wegeführung an einen gemeinsamen Mittelpunkt.

Am Anfang steht die Henge-Struktur, also der kreisförmige Erdwall mit innerem Graben und definierten Zugängen. Typisch für britische Henges liegt der Graben innerhalb des Walles, sodass die Erdaufschüttung nach außen abschirmt und nach innen den Blick auf einen definierten Raum lenkt. Stonehenge besitzt einen großen, nach Nordost geöffneten Haupteingang und einen kleineren Zugang im Süden. Der große Eingang wurde so gestaltet, dass er die Hauptachse des Monuments vorgibt. Diese Achse läuft durch das Zentrum der späteren Steinkreise und zielt in Richtung des Sonnenaufgangs zur Sommersonnenwende sowie spiegelbildlich zum Sonnenuntergang der Wintersonnenwende. Damit legten die Planer eine

Verbindung zwischen Himmelsereignis und Wegführung fest, die schon in der Erdphase der Anlage angelegt war. Der Graben folgte einem sorgfältig abgesteckten Kreis, die Wälle fassten das Innere und schufen eine Schwelle, die man überschreiten musste, um in den heiligen Raum einzutreten. In dieser frühen Phase gehören auch die rund um den Innenraum verteilten Aubrey-Löcher, die einen weiteren geometrisch gesetzten Kreis bilden und bereits zeigen, dass Maß und Rhythmus von Anfang an eine zentrale Rolle spielten.

Im Inneren der Henge wuchs in einem nächsten Schritt die Steingestalt heran. Den äußeren Rahmen bildet der Sarsen-Kreis, der mit seinen aufrechten Blöcken und den verbindenden Decksteinen ein umlaufendes Gebälk bildet. Darüber sitzt ein geschlossener Lintelkranz, dessen einzelne Decksteine mit exakt gefrästen Kanten einen Kreis mit gleichmäßiger Oberkante bilden. Diese horizontale Linie verleiht der Anlage eine Ruhe, die sich vom bewegten Relief der umgebenden Kreidelandschaft abhebt. Innerhalb dieses Ringes steht das Trilithon-Hufeisen, ein Ensemble aus fünf monumentalen Toren. Drei der Trilithen sind noch aufrecht und zeigen, wie der Innenraum in Richtung Südwesten ansteigt. Der höchste Rahmen steht im Südwesten, sodass die Architektur in diese Richtung dramatisch kulminiert. Wer durch den Nordostzugang eintritt, erlebt eine sukzessive Steigerung der Höhe und des Gewichts der Steine, bis die Blickachse auf die größte Konstruktion trifft. Dadurch entsteht eine räumliche Erzählung, die von der Peripherie in die Tiefe führt.

Die Geometrie von Stonehenge lässt sich an mehreren Ebenen ablesen. Zunächst ist der Grundriss durch konzentrische Kreise organisiert, die teilweise durch Schwellen und Steinsetzungen unterbrochen oder akzentuiert sind. Der äußere Sarsen-Kreis setzt eine präzise gedachte Kreislinie um, die Lintel bilden einen durchgehenden Ring, dessen Radialteilung die Anzahl der Tragsteine vorgibt. Innen ist das Trilithon-Hufeisen kein exakter Halbkreis, sondern eine bewusst gestaltete Öffnung, die nach Nordosten zeigt. Die Hauptachse folgt der Linie Nordost zu Südwest. Sie wird durch den Haupteingang, den Verlauf der Avenue, den Heel Stone und den inneren Aufbau bestätigt. Manche Forscher sehen in den Abständen und Durchmessern modulare Maße, die sich wiederholen. Diskutiert wird seit langem ein einheitliches Grundmaß, das sich aus wiederkehrenden Segmenten ableiten lässt. Ob man diese Module als ein bewusstes Maßsystem lesen möchte oder als Ergebnis pragmatischer Absteckmethoden, die mit Schnüren und Pflöcken gearbeitet haben, bleibt umstritten. Unstrittig ist jedoch die Genauigkeit, mit der Kreise, Achsen und Sichtlinien gesetzt wurden. Die Planung muss mit einer Kombination aus Vermessung, Rasterung und wiederholtem Abgleich im Feld erfolgt sein. Schnüre, Pfostenmarken, temporäre Markierungsgräben und das Abtragen oder Aufschütten kleiner Geländewellen hätten dabei geholfen, eine saubere Kurve zu erzeugen und die Achsen unmissverständlich zu markieren.

Die technischen Details der Steinverbindungen zeigen eine Meisterschaft, die in der Megalitharchitektur selten ist. Die Tragsteine des äußeren Kreises besitzen oben Zapfen, die in Pfannen der Decksteine greifen. Damit sind die Decksteine gegen horizontales Verrutschen gesichert. Zwischen den Decksteinen wurde zusätzlich eine Art Nut und Feder eingearbeitet, die man als Zinkenverbindung im Stein deuten kann. Diese Verbindungen wirken wie hölzerne Zimmereikunst in harter Materie. Übertragen auf Stein verlangt das exakte Abnehmen von Winkeln, das Anpassen von Krümmungen und das aufeinander bezogene Bearbeiten von Paarsituationen. Die Decksteine sind auf der Unterseite gekrümmt und auf der Oberseite so geformt, dass sie den Kreis schließen. Selbst wenn der Untergrund leicht variiert oder die Tragsteine in ihrer Höhe minimal differieren, hält die horizontale Linie des Lintelkranzes den optischen Zusammenhalt. Die Trilithen im Inneren wurden ebenfalls mit Passungen gefügt. Die Quersteine sitzen fest auf den beiden Ständern, wobei die Oberseiten der Ständer mit Zapfen versehen sind. Solche Lösungen stellen nicht nur eine statische Sicherung dar. Sie erzeugen auch eine visuelle Klarheit. Jedes Element hat seine Aufgabe, bleibt erkennbar und bildet zugleich mit dem Nachbarstein eine Einheit.
Die solstitielle Ausrichtung gehört zu den am besten beobachtbaren Eigenschaften des Monuments. Wer am frühen Sommermorgen entlang der Achse durch den Haupteingang blickt, sieht den Sonnenaufgang an einer Position, die mit dem Verlauf der Avenue und dem

Standpunkt des Heel Stone korrespondiert. Zur Wintersonnenwende kehrt sich das Bild um. Die Sonne sinkt entlang derselben Achse nach Südwesten hinter die höchste Trilithengruppe. Diese doppelte Inszenierung fügt die Anlage in den Jahreslauf ein. Damit erhält der Ort eine Zeitsignatur und fungiert als Kalenderpunkt, an dem sich Rituale bündeln konnten. Die Avenue verstärkt diesen Bezug. Sie führt als doppelter Erdarbeitszug mit parallelen Gräben vom Monument hinunter in Richtung River Avon. Der Weg ist breit und folgt zunächst einer Kurve, die das Gelände berücksichtigt. In der Nähe des Monuments richtet er sich auf die Hauptachse aus. Diese Choreografie macht sichtbar, dass die Bewegung von der Landschaft her zum Heiligtum kein gerader Marsch war, sondern eine Annäherung, die sich einschreibt in Geländeformen, Wasserlauf und Himmel. Der Heel Stone markiert im Vorfeld der Anlage eine Schwelle. Er steht ein Stück vor dem Eingang und wirkt wie ein Torpfosten in freier Landschaft. Sein Verhältnis zur Achse, zum Eingang und zur Avenue ist kein Zufall. Er prägt den Moment der Annäherung und lenkt den Blick auf die kommenden Linien.
Die räumliche Dramaturgie erschließt sich beim Durchwandern. Vom offenen Vorfeld kommend, führt der Weg entlang der Avenue auf den großen Eingang zu. Der Wall steigt zur Seite auf, der Graben fällt nach innen ab. Schon die Topografie des Henge erzeugt das Gefühl von Betreten und Eingeschlossenheit. Im Inneren nimmt der Sarsen-Kreis diese Bewegung auf und bildet einen festen

Rahmen. Durch die gleichmäßige Höhe der Decksteine entsteht eine klare Horizontlinie, die das Auge auf die Mitte lenkt. Das Trilithon-Hufeisen steigert die Raumwirkung und leitet den Blick in den Südwesten. Die inneren Steine sind höher, massiger und dichter gruppiert. Dadurch verdichtet sich der Raum gegen dic Blickrichtung. Wer sich umdreht, erlebt die Weite des Nordostzugangs und das Öffnen hin zum Licht. Diese Regie der Blicke machte es möglich, Prozessionen zu entwerfen, die zwischen Öffnung und Verdichtung, zwischen Licht und Schatten, zwischen Außen und Innen oszillieren. Feuerstellen, Deponierungen und temporäre Ausstattungen konnten diese Inszenierungen noch steigern. Musik, Trommeln oder Gesang hätten die Akustik zwischen den Steinen genutzt. Die Henge-Wälle schirmen Geräusche von außen ab und schaffen einen eigenen Klangraum. Der Lintelkranz reflektiert Schall. So entsteht eine Klangschale, in der rituelle Handlungen nicht nur sichtbar, sondern hörbar intensiver werden.

Die Maße von Stonehenge erscheinen auf den ersten Blick monumental, folgen aber einer inneren Logik. Der Durchmesser des äußeren Sarsen-Kreises liegt im Bereich von gut dreißig Metern. Die Höhe der aufragenden Ständer variiert, doch die Decksteine zwingen den Kreis in eine gemeinsame Linie. Die inneren Trilithen sind größer als die Außensteine, der höchste Rahmen erreicht über sieben Meter. Das Hufeisen hat eine Öffnung nach Nordosten und eine Verdichtung nach Südwesten. Der Heel Stone steht außerhalb der Kreislinie und markiert die Achse. Der Graben des Henge hat einen annähernden Durchmesser von deutlich mehr als hundert Metern. Damit entsteht ein starker Kontrast zwischen dem großen Erdwerk und dem kompakten Steinkern. Diese proportionale Staffelung verstärkt das Erleben der Mitte. Wer vom Wall in den Steinkreis tritt, überschreitet in kurzer Folge zwei Schwellen und nähert sich einer dritten, unsichtbaren Grenze, der Achse des Himmelslaufes.

Die inneren Kreise aus Blausteinen ergänzen den Sarsenbau und bezeugen eine längere Geschichte von Umbauten und Reorganisationen. In einer Phase wurden Blausteine zu einem inneren Kreis gesetzt, später zu einer ovalen oder hufeisenförmigen Gruppe umgestellt. Diese Bewegungen zeigen, dass der Ort nicht mit einem einzigen Entwurf abgeschlossen war. Stattdessen wurde auf veränderte Vorstellungen, neue Rituale oder neue Führungsentscheidungen reagiert. Die Fähigkeit, schwere Elemente umzusetzen und dennoch den Zusammenhalt zu bewahren, setzt eine herausragende Organisation voraus. Man erkennt zudem eine Suche nach dem richtigen Gleichgewicht zwischen dem dauerhaften Sarsengerüst und den flexibleren Konfigurationen der Blausteine. Der Altarstein in der Mitte, flach und lang, nimmt eine Sonderrolle ein. Er liegt in der Achse und scheint den Übergang zwischen Blickrichtung, Prozessionsweg und innerem Kulminationspunkt zu markieren. Die Station Stones, vier ehemals angelegte Setzpunkte an der Innenseite des Walles, bilden einen nahezu rechtwinkligen Rahmen mit einer

Diagonale, die die Hauptachse kreuzt. Auch sie belegen, dass geometrische Figuren im Maßstab der gesamten Henge eine Rolle spielten.

Der konstruktive Aufwand der Steinbearbeitung wird in den Passungen sichtbar. Zapfen auf den Ständern erfordern das genaue Abarbeiten einer steinernen Nase. In die Unterseiten der Decksteine wurden passend dimensionierte Pfannen geschlagen. Dazu brauchte es Schlagwerkzeuge aus härterem Gestein, Abrasive zum Glätten und Hilfskonstruktionen aus Holz, mit denen man die Steine kippen, drehen und probend aufsetzen konnte. Die Decksteine erhielten gebogene Kanten, damit sie sich als Segment eines Kreises aneinanderfügen. Zwischen zwei Segmenten konnte eine längsgerichtete Nut die horizontale Verbindung sichern. Wer so baut, denkt in Montagefolgen. Ein Stein wird gesetzt, ein zweiter richtet sich nach ihm, der dritte verbindet beide. Das verlangt Vormessung und ständiges Prüfen. Gleichzeitig zeigt es, dass die Baumeister nicht nur schwere Blöcke bewegten, sondern mit hoher Präzision gestalteten. Der Eindruck einer ringförmigen Krone entsteht nicht zufällig, sondern folgt einem Plan, der Höhen, Neigungen und Kanten aufeinander abstimmt.

Die Avenue belegt die Einbindung des Monuments in eine weitere Raumordnung. Sie verknüpft Stonehenge mit dem River Avon. Damit verbinden sich Wasserweg, Landschaftsterrasse und Heiligtum. Wer vom Fluss her kam, folgte einer doppelten Spur, die durch parallele Gräben definiert war. Der breite Weg erschuf eine Linie in der Wiese, eine Art künstliches Tal in der offenen Ebene. An bestimmten Punkten reagiert die Avenue auf Geländekanten. Sie nutzt eine leichte Mulde, um einen weichen Schwung zu vollziehen, und richtet sich erst in der Nähe der Henge exakt auf die Achse aus. Dieser Verlauf macht deutlich, dass die Prozession nicht als Gerade gedacht war, sondern als Abfolge von Annäherung, Wendung und Ausrichtung. Die Ankunft am Heel Stone, die Passage am Slaughter Stone und der Durchgang durch den Haupteingang bilden markante Momente auf diesem Weg. Die Kombination aus Erdwerk, Einzelmonumenten und Sichtlinien erzeugt eine narrative Struktur, die vermutlich von Fackeln, Bannern, Trommeln und Gesängen begleitet wurde. So entsteht eine Gesamtszenerie, die Landschaft, Himmel und Bewegung verbindet.

Die Baugeschichte von Stonehenge zeigt mehrere Phasen. In einer frühen Phase wurde der Henge mit Graben, Wall und den Aubrey-Löchern angelegt. Dieser Schritt legte die Grundordnung fest und definierte die Achsen. Danach folgten Veränderungen, die den Einsatz von Holzpfosten, Gruben und ersten Steinsetzungen nahelegen. Später begann die große Sarsenphase, in der der äußere Steinring und das Trilithon-Hufeisen gestellt wurden. In dieser Zeit musste die Logistik für Transport und Aufrichten der Sarsensteine bereitstehen. Seile, Hebel, Holzgerüste und rampenartige Böschungen sind wahrscheinlich. Das Aufrichten der Ständer erfordert Gruben mit geneigten Wänden, Keile und das Nachstopfen von Material. Der Einbau der Decksteine verlangt ein temporäres Lehrgerüst oder ein Anheben über schräge Holzbahnen. Nach dem Abschluss des Sarsengerüstes wurden die Blausteine neu angeordnet, teilweise wohl mehrmals. Diese Umbauten zeigen eine Suche nach passgenauer Symbolik. Die Achse blieb unverrückbar, doch die inneren Akzente konnten angepasst werden. In späterer Zeit wurden einzelne Elemente ausgebessert, umgefallen und wieder aufgerichtet oder versetzt. Restaurierungen der Neuzeit haben den Eindruck stabilisiert, doch die Spuren der Reorganisationen bleiben lesbar.

Architektur bedeutet an Stonehenge nicht nur das Fügen von Steinen. Es umfasst das Gestalten von Übergängen und das Einrichten von Orten innerhalb eines größeren Landschaftstheaters. Die Kreidelandschaft der Salisbury Plain bietet weite Horizonte, sanfte Wellen, klare Geländekanten. Die Baumeister machten sich diese Eigenschaften zunutze. Sie legten die Achse so, dass der Sommeraufgang nicht hinter einem Hügel verschwindet, sondern in einer Tiefe des Horizonts erscheint, die die Erscheinung betont. Der Winteruntergang findet sein Gegenstück in der Verdichtung des Innenraums. Der Wall unterdrückt seitliches Streulicht, der Graben trennt den heiligen Raum von der offenen Steppe. Der Weg vom Wasser hinauf hebt die Zugehörigkeit des Monuments zur weiteren Kultlandschaft hervor. Die Avenue fungiert als Zeichen in der Ebene und verbindet Stonehenge mit weiteren Orten des Rituals. In dieser Verknüpfung offenbart sich ein Denken in Korridoren, Blickfenstern und Bewegungssequenzen. Es ist ein architektonisches Denken,

das weniger an Häuser erinnert, sondern an Szenografie.
Die Sichtlinien sind kein Zufallsprodukt. Zwischen Heel Stone und dem Zentrum des Kreises öffnet sich ein Kanal zum Horizont. Zwischen den Ständern der Trilithen bilden sich Fenster, die die Achse wiederholen oder begrenzen. Der Lintelkranz hebt die Horizontlinie der Anlage an und rahmt den Himmel. Spaziergänge rund um die Anlage zeigen, dass bestimmte Standpunkte bevorzugte Bilder liefern. Wer in der Achse steht, erfährt die maximale Wirkung. Wer seitlich steht, erlebt das Spiel aus Übereckperspektiven, bei denen sich Steine überlagern und Öffnungen schmaler werden. Diese Vielansichtigkeit sorgt dafür, dass jeder Schritt einen neuen Eindruck erzeugt. Prozessionen konnten das nutzen, um die Wahrnehmung zu lenken. Ankunft, Umkreisung, Eintritt, Annäherung an die Mitte und Verweilen in der Achse könnten die Grundformen solcher Wege gewesen sein. Die Anlage ist in diesem Sinne ein Ritualinstrument, dessen Wirkung sich erst im Gebrauch vollständig entfaltet.
Die Frage nach den geometrischen Modulen ist bis heute umstritten, doch sie berührt den Kern der Planungsmethoden. Möglich ist, dass man mit Stricken bestimmte Längen wiederholte und sich so ein praktisches Maß ergab, das bei Absteckungen half. Wiederkehrende Teilungen der Kreislinie, etwa in Fünftel, Siebtel oder Achtel, könnten mit einfachen Mitteln erreicht worden sein. Markierungen am Rand, Schnüre als Radien, drehende Pflöcke im Zentrum und abgemessene Bögen hätten eine Teilung des Kreises ermöglicht. Die Zahl der Aubrey-Löcher

und der Tragsteine im äußeren Kreis deutet darauf hin, dass Teilungszahlen bewusst gewählt wurden. Dabei spielt neben der reinen Zahlensymbolik auch der praktische Nutzen eine Rolle. Gleichmäßige Abstände erleichtern die Stabilität und sorgen für ein harmonisches Bild. Ob dahinter ein bewusstes Zahlensystem oder ein erfahrungsbasiertes Handwerk steht, lässt sich nicht endgültig entscheiden. Klar ist jedoch, dass die Baumeister das Verhältnis von Kreis, Achse und Rechteck beherrschten und in eine gebaute Ordnung übertrugen.

Die Verbindungstechnik von Zapfen und Pfanne zeigt, dass man über reine Schwerkraft hinaus dachte. Solche Passungen verhindern, dass Decksteine beim Setzen verrutschen oder dass Wind und Erschütterung sie verschieben. Zugleich helfen sie, die Deckschicht als geschlossenen Ring zu formen. Der Ring verteilt Lasten gleichmäßig und stabilisiert den Gesamteindruck. Die Quersteine der Trilithen wirken als Riegel, die die beiden Ständer zu einem Rahmen verbinden. Der Rahmen ist gegen Kippen gesichert, solange die Füße der Ständer in einer gut verdichteten Kies- und Kreidefüllung stehen. Der Blick auf die Bruchkanten mancher Steine zeigt unerwartete Feinheiten. Anarbeitungen, leichte Fasen und geglättete Flächen belegen eine Bearbeitung, die über das bloße Zurechthauen hinausgeht. Die Oberfläche mancher Steine wurde besonders auf der Innenseite geglättet. So hebt die Innenfläche das Licht besser, während außen rauere Partien belassen wurden. Der Unterschied verstärkt das Erleben der Mitte als privilegierten Raum.

Umbauten und Reorganisationen gehören zur

Lebensgeschichte der Anlage. Anzeichen zeigen, dass der Heel Stone möglicherweise versetzt wurde. Die Blausteine wechseln von einer Ringform zu einem ovalen oder hufeisenförmigen Muster. Einzelne Sarsensteine wurden repariert oder neu aufgerichtet, teils in historischer Zeit, teils im zwanzigsten Jahrhundert. Dennoch bleibt die Grundstruktur erkennbar. Sie besteht aus dem großen Erdwerk, dem äußeren Sarsenring mit Lintelkranz, dem inneren Trilithon-Hufeisen, den Blausteinkonfigurationen, dem Altarstein, den Station Stones, der Avenue und den markanten Punkten im Vorfeld. Diese Struktur ist es, die die räumliche Dramaturgie trägt. Veränderungen betrafen meist die inneren Akzente, nicht die tragenden Linien.

Die Architektur von Stonehenge vermittelt drei Ebenen. Erstens die Ebene des Bauens, in der schwere Steine gehoben, gefügt und gesichert werden. Zweitens die Ebene des Raums, in dem Menschen gehen, stehen, schauen und hören. Drittens die Ebene der Zeichen, in der Achsen, Zahlen und wiederkehrende Formen ein Bedeutungsgewebe erzeugen. Alle drei Ebenen wirken zusammen. Die Technik ist dienend, aber kunstvoll. Der Raum ist offen, aber stark geführt. Die Zeichen sind abstrakt, aber unmittelbar spürbar. Dadurch entsteht die eigentümliche Wirkung dieses Ortes, der sowohl massig als auch leicht erscheint. Die Masse liegt in den Steinen, die Leichtigkeit in der Linie des Himmelskranzes. Die Tiefe liegt in der Achse, die Weite in der Ebene. Der Ort ist gleichzeitig Zentrum und Durchgang. Er zieht an und lässt durch.

Wer die Anlage als Gesamtkunstwerk begreift, erkennt die Intelligenz der Wege. Die Avenue bindet den Fluss an die Steine. Der Haupteingang bindet den Horizont an die Mitte. Der Lintelkranz bindet die vielen Aufrechte an eine einzige Linie. Das Trilithon-Hufeisen bindet die Blicke an einen Kulminationspunkt. Der Heel Stone bindet draußen das Geschehen an das, was drinnen beginnt. Die Station Stones binden die Kreisordnung an rechteckige Setzpunkte. So entsteht ein Geflecht aus Bindungen, das die Anlage über ihre sichtbaren Steine hinaus in den Raum streckt. Diese Bindungen machen aus Stonehenge mehr als eine Versammlung von Monolithen. Sie formen eine Maschine der Aufmerksamkeit, die in bestimmten Momenten des Jahreslaufes eingeschaltet wird.
Die Praxis dieser Architektur erscheint in der Erinnerung an jene Tage, an denen das Licht genau über die Achse wandert. Der Sommermorgen bringt den Aufgang dort, wo der Blickkanal es erwartet. Der Winterabend bringt den Untergang genau in die Verdichtung der inneren Tore. Die Menschen konnten sich darauf verlassen, dass Steine und Himmel zusammenstimmen. Die Decksteine zeichnen dann eine Linie, die sich vom ersten Glanz bis zum Erlöschen mit dem Sonnenlauf verbindet. Ein solcher Moment macht die Anstrengung der Planung und des Bauens verständlich. In ihm treffen technische Meisterschaft, Vermessungskunst, Ritual und Gemeinschaft aufeinander. Die Anlage wird zum Instrument, das die Zeit hörbar und sichtbar macht.
Am Ende steht die Einsicht, dass Planung, Ausrichtung und

Architektur von Stonehenge nicht als getrennte Felder zu verstehen sind. Der Plan erwächst aus der Landschaft und aus der Absicht, die Achse des Himmels im Boden zu verankern. Die Ausrichtung ist kein abstrakter Winkel, sondern die Erfahrung eines Weges und eines Blickes. Die Architektur ist keine Fassade, sondern eine in Steine übersetzte Choreografie. Der Graben markiert die Schwelle, der Wall schützt den Raum, die Eingänge öffnen den Blick. Die inneren Steinkreise bündeln die Aufmerksamkeit, das Trilithon-Hufeisen steigert die Wirkung. Geometrie in Durchmesser, Achsen und Modulen verleiht Ordnung und Wiederholbarkeit. Zapfen und Pfannen sichern die Decksteine, der Lintelkranz schafft Ruhe. Die solstitielle Achse verbindet Himmel und Erde, Avenue und Heel Stone rahmen die Bewegung. Sichtlinien, Prozessionswege und räumliche Dramaturgie machen aus dem Ort eine Bühne. Konstruktionsphasen, Umbauten und Reorganisationen zeigen, dass diese Bühne lebendig blieb und über Generationen hinweg gepflegt und neu gedeutet wurde. In dieser Gesamtschau liegt die bleibende Faszination von Stonehenge, das als Monument der Zeit zugleich auf die Präzision menschlicher Hand und den verlässlichen Lauf des Himmels vertraut.

Baumaterialien, Steinbearbeitung und Werkzeuge

Die Geschichte von Stonehenge ist auch eine Geschichte seiner Steine. Zwei Gesteinsfamilien prägen das Monument und geben ihm seine besondere Materialdramaturgie. Die großen hellen Blöcke aus extrem hartem Sarsen bilden die dominierende Architektur. Dazwischen stehen die kleineren, dunkleren Blausteine, deren Herkunft im fernen Westen Britanniens liegt. Aus dem Zusammenspiel beider Materialien erwächst ein Bau, der gleichermaßen auf physische Dauer und auf symbolische Deutung angelegt ist. Die Auswahl des Gesteins, die Bearbeitung der Oberflächen, die Passungen der Verbindungen und die gesamte Logistik vom Rohblock bis zum gesetzten Stein zeigen ein hohes Maß an technischem Verstand und planerischer Konsequenz.

Sarsen ist ein silifizierter Sandstein, dessen Körner durch Quarz wie mit Glas verschweißt sind. Dieses Material bildet auf den Hochflächen nördlich von Stonehenge frei liegende Blöcke und Platten. Die Marlborough Downs wurden zum Hauptliefergebiet, denn dort lagen die Rohblöcke in großer Zahl und oft in Größen, die für die Trilithen und den Kranz der Lintel geeignet waren. Sarsen ist extrem abrasionsfest, schwer spaltbar und nur mit anhaltendem Schlag zu formen. Genau diese Eigenschaften machen es für Monumente ideal, in denen Dauer und Präzision eine Rolle spielen. Die hellen, fast kreidigen Oberflächen verleihen den Kreisen und Hufeisen etwas Strahlendes, das in der niedrigen Sonne der Ebenen eindrucksvoll wirkt.

Die Blausteine stammen aus den Preseli Hills in Wales. Unter diesem Sammelbegriff verbergen sich mehrere petrographische Typen. Besonders wichtig ist ein körniger, oft blaugrün schimmernder Dolerit, daneben treten Rhyolithe und Tuffe auf. Die Blöcke sind kleiner als die Sarsen und lassen sich mit Keilen und kontrollierten Schlägen entlang natürlicher Klüfte aus dem Felsverband lösen. Ihre dunkleren Töne stehen in starkem Kontrast zu den hellen Sarsen und erzeugen im Ensemble eine bewusst gewählte Farb- und Materialdifferenz. Das Gewicht eines typischen Blausteins liegt im Bereich weniger Tonnen. Ein Sarsen der großen Trilithen erreicht das Vielfache.

Die Gewinnung folgte jeweils den geologischen Gegebenheiten. Auf den Downs mussten Sarsenblöcke aus der Verwitterungsdecke gelöst, gewendet, bei Bedarf mit Holz und Hebeln angehoben und auf Schlitten gesetzt werden. Hebel aus Eiche oder Ulme, hölzerne Keile und schwere Steinhammer erfüllten diese Aufgaben. Feuer wurde bei Sarsen nur mit Vorsicht eingesetzt, da Temperaturwechsel Risse erzeugen, aber auch die Festigkeit schwächen können. Entscheidend war das kontrollierte Heben und Drehen der schweren Körper. Bei den Blausteinen in Wales standen steile Kuppen, Felsrippen und von Natur aus freiliegende Blöcke zur Verfügung. Hier konnten Holzkeile in natürliche Spalten getrieben und durch Anfeuchten zum Quellen gebracht werden. Das begünstigte das Ablösen handhabbarer Rohlinge. Die erste Formgebung erfolgte bereits am Herkunftsort, um Gewicht zu sparen und Transportvolumen zu optimieren.

Die Auswahl der Rohblöcke folgte klaren Kriterien. Für die Trilithen brauchte es Ständer mit ausreichend Querschnitt und Länge sowie Lintel, die über zwei Ständer hinweg freitragend bleiben konnten. Ein homogener innerer Aufbau des Sarsen war erwünscht, da inhomogene Partien zu unkontrollierten Abplatzungen führen. Bei den Blausteinen spielten neben Abmessungen und Masse auch die Oberflächenqualität und die Ansprechbarkeit für Bearbeitung eine Rolle. Manche Blausteine zeigen Bearbeitungsspuren, die auf gezielte Anpassungen an das spätere Ensemble verweisen. So wurden Basen grob geglättet, Kanten vorgeformt und Gewichte durch Abschlagen reduziert. Rohblock-Management heißt in diesem Kontext nicht nur Auswahl, sondern auch das frühzeitige Zuordnen zu einer späteren Funktion innerhalb des Plans. Es ist anzunehmen, dass Markierungen aus Pigment oder Einschnitte benutzt wurden, um Orientierung, Lage und Reihenfolge zu steuern.

Die Werkzeugkultur, die sich in den Spuren am Stein spiegelt, ist beeindruckend. Steinhammer aus hartem Sarsen, rundlich geschlagen und in verschiedenen Gewichten, bilden die wichtigste Kategorie. Diese Hammer wurden ohne Stiel geführt, mit der Hand umfasst, und erlaubten sowohl kräftige Schläge als auch präzises Pecking. Wo es um Erdarbeiten ging, nutzte man Pickel aus Rothirschgeweih, um den kreidigen Untergrund zu lösen und Gruben auszuheben. Holz diente als Hebel, als Keil und als Rahmen für Hilfskonstruktionen. Seile aus Lindenbast, Haselrinde oder aus gedrehten Tiersehnen ermöglichten das Zerren, Sichern und kontrollierte Absenken. Als Abrasiv diente Quarzsand, der mit Wasser zu einer Schleifpaste angerührt werden konnte. Bei Sarsen wird dieser Effekt durch die Silikatoberfläche sogar verstärkt, da Quarz auf Quarz eine sehr effektive Reibpaarung bildet.

Die Oberflächenbearbeitung folgt einem klaren Programm. Zunächst wird Material im Abhau entfernt. Dazu dienen wiederholte Schläge mit dem Steinhammer, die kleine Facetten erzeugen und die Form grob annähern. Dieser Vorgang hinterlässt ein Muster aus dicht gesetzten Schlagmarken, die in ihrem Rhythmus Hinweise auf Arbeitsrichtung und Werkzeugführung geben. Im nächsten Schritt erfolgt die Glättung. Hier wird die Oberfläche durch anhaltendes Reiben mit einem flächigen Stein und mit Sand als Schleifmittel geglättet. Besonders die Innenseiten des Sarsenkreises, die dem zentralen Raum zugewandt sind, zeigen ein höheres Maß an Glätte als die Außenseiten. Kanten wurden bewusst ausgeprägt, jedoch ohne scharfe Grate, denn scharfe Kanten brechen leicht aus. Vielmehr zeigen die Arrisen eine sanfte, aber präzise Linie, die das Licht sauber führt und die Geometrie konturiert. Diese Formensprache erinnert an Holzbau, in dem Schärfe und Rundung ebenfalls gezielt eingesetzt werden, um Kräfte zu leiten und Flächen zu betonen.

Im Zentrum des technischen Könnens stehen die Verbindungen zwischen Ständern und Lintel. Die oberen Enden der Sarsenständer tragen Zapfen, die in korrespondierende Vertiefungen der Lintel greifen. Diese

Pfannen sind in die Unterseiten der Ringsteine eingearbeitet. Der Zapfen ist nicht kantig, sondern in eine sanfte Rundform gearbeitet, die das Einpassen erleichtert und Belastungsspitzen reduziert. Zwischen den Lintel finden sich weitere Verbindungen. An ihren Stoßkanten greifen Zungen in korrespondierende Nuten. Diese Konstruktion verhindert ein Verdrehen der einzelnen Lintel gegeneinander und trägt dazu bei, den Ring als Einheit zu stabilisieren. Die Krone bildet ein geschlossener Lintelkranz, der die Ständer verbindet und den Kreis unter Druck schließt. Das Prinzip entspricht einem endlosen Band, das die Einzelglieder zu einem System macht.

Die Präzision dieser Passungen ist bemerkenswert. Die Lintel wurden auf eine gemeinsame Höhe gebracht, obwohl die Ständer in leicht wechselnder Länge und im kreidigen Untergrund mit variierenden Fundamenttiefen stehen. Die Ringsteine sind in sanfter Krümmung zugerichtet, damit sie den Kreis wirklich zeichnen. Die Stoßfugen sind so geformt, dass sich Kanten nicht gegeneinander arbeiten, sondern sich wie in einem hölzernen Rahmensystem verzahnen. Die Toleranzen sind eng. Das sieht man an der Linienführung des Lintelrandes, der in weiten Abschnitten ohne sichtbare Versprünge läuft. Ein derartiges Qualitätsniveau erfordert wiederholtes Probeauflegen, präzises Abnehmen von Maßen und eine eingespielte Arbeitsfolge zwischen Auflagerichtung, Anpassen und abschließender Glättung.

Stabilität und Statik des gesamten Systems beruhen auf mehreren Bausteinen. Jeder Sarsenständer steht in einer

Grube, die am Grund eine verdichtete, ebene Bauplattform besitzt. Seitlich werden Keil- und Packsteine gesetzt, um den Ständer zu fixieren. Das verfüllte Material ist Kreide und Schutt, sorgfältig lagenweise eingebracht und verdichtet. Die Basen der Ständer sind leicht breiter, die Seiten laufen minimal konisch nach oben, was optisch schlank wirkt und zugleich das Kippen erschwert. Manche Ständer lehnen sich im Endzustand minimal nach innen, eine bewusste Neigung, die den Lintel in den Verbund drückt. Der Lintelkranz verteilt Lasten als ringförmiger Druckverband. Tritt an einer Stelle ein Verschieben auf, arbeiten die Zungen und Nuten an den Stoßfugen dagegen. Die Zapfen verhindern ein Abrutschen der Lintel vom Ständer bei Erschütterungen oder beim langsamen Setzen des Untergrundes. Die Trilithen im Hufeisen tragen den höchsten Lintel. Hier wirkt das System wie ein Portalrahmen. Die Lasten laufen in die Ständer, die per Packung und Fundament in den Kreideboden eingeleitet sind. Der Schwerpunkt der Ständer liegt deutlich innerhalb der Standfläche. Das erhöht die Kippstabilität gegen Windlasten und pulsierende Kräfte, wie sie bei großen Menschenmengen oder bei Frostwechseln auftreten.

Archäotechnische Experimente haben viele Elemente dieser Abläufe überprüft. Das Heben eines stehenden Steins lässt sich mit einer Grube, einer Schräge und schrittweisem Schütten nachvollziehen. Zunächst wird die Grube mit einer Feldseite und einer flach ansteigenden Rampe ausgehoben. Der Stein liegt waagerecht auf einem Schlitten, der bis an den Grubenrand gezogen wird. Ein Ende ragt über die Kante. Mit

Hebeln wird die Spitze in die Grube abgesenkt. Nun wird der Stein durch Zug an der oberen Seite und durch kontrolliertes Absenken in die Tiefe gebracht, bis die Basis auf der Bauplattform aufsetzt. Packsteine fixieren die Seiten. Mit Hebeln und Keilen richtet man den Ständer millimeterweise aus. Danach wird die Grube verfüllt und lagig verdichtet. Das Auflegen der Lintel gelingt mit einer Kombination aus Hölzern, Seilen und einem schrittweise erhöhten Gerüst. Alternativ wird eine Rampe aus Erde und Holz gebaut, auf der der Lintel über Rundhölzer oder Gleitbahnen nach oben geschoben wird. Oben angekommen, wird er über die Zapfen geführt und mit kontrollierten Schlägen in seine Pfannen gesetzt. Abschließend wird die Rampe wieder abgetragen oder das Gerüst demontiert.

Beim Formen eines Sarsen ist Geduld die wichtigste Ressource. Ein nur palmengroßer Fehler am Zapfen kann die Passung entwerten. Deshalb wurden Messhilfen benutzt. Gerade Leisten aus Holz, gespannte Schnüre und Markierungen mit Rötel oder Kohle halfen, Flächen zu planen und Achsen zu kontrollieren. Die Anrisse für Zapfen und Pfannen mussten mit dem geplanten Endniveau des Lintelkranzes übereinstimmen. Wo mehrere Teams gleichzeitig arbeiteten, brauchte es verbindliche Maße, Module und Bezugslinien. Der Durchmesser des Kreises, die Höhe der Lintel, die Lage der Achse und die Stellung der Eingänge bestimmten die Geometrie. In diesem Raster wurden die Passungen angelegt. Der Einsatz von Modulen erleichterte das Zurechtschlagen, denn wiederkehrende Maße verringern das Risiko von Anschlussfehlern. An den Oberflächen lassen sich Arbeitsschritte ablesen. Grob abgeschlagene Partien mit großen Facetten kennzeichnen frühe Phasen. Feinere, dichte Schlagmuster und zusammenhängende Glättzonen markieren die Endbearbeitung.

Blausteine zeigen ein anderes Bearbeitungsbild. Sie lassen sich mit Keilen entlang von Klüften spalten. Ein geübter Handwerker erkennt die Spaltlinie am Korn und an feinen Rissen. Nach dem Lösen werden Basen geebnet, Seiten geglättet oder verrundet. Manche Blausteine erhielten Zapfen, um sie mit Lintel zu verbinden, andere wurden als eigenständige Monolithe gesetzt. Ihre Maße variieren stärker, was dafür spricht, dass in späteren Phasen Umstellungen erfolgten und einzelne Steine versetzt oder neu in die Ordnung integriert wurden. An manchen Blausteinen finden sich Vertiefungen und Ausbrüche, die auf mehrfaches Umsetzen hindeuten. Solche Spuren verraten eine lebendige Baugeschichte, in der Umdeutungen und Anpassungen Teil der Praxis waren.

Abrasive Techniken schließen die sichtbare Arbeit ab. Lange Schleifphasen mit Sand und Wasser erzeugen matte Flächen, die das Licht weich verteilen und Kanten sauber zeichnen. Der Glanzgrad variiert. Innenflächen des Kreises und jene der großen Trilithen im Hufeisen wirken oft sorgfältiger veredelt. Das legt nahe, dass die Wahrnehmung aus dem Zentrum wichtiger war als die Ansicht von außen. Die Oberkante der Lintel ist nivelliert, doch die Unterseiten zeigen eine subtile Wölbung, damit das Auge die Linie als ruhig und geschlossen wahrnimmt. Leichte Korrekturen an Kanten und Fugen kompensieren Unregelmäßigkeiten, die durch das Setzen im Boden entstanden sind.

Die Frage nach Werkzeugen aus Metall stellt sich häufig. In der frühen Phase des Monuments spielte Metall in Britannien erst eine begrenzte Rolle. Die sichtbaren Bearbeitungsspuren passen zu Steinhammern, Keilen aus Holz und zu abrasiven Verfahren. Selbst wenn gelegentlich Kupfer verfügbar gewesen sein sollte, wäre Sarsen für frühe Metallwerkzeuge eine harte Probe. Stein auf Stein bleibt die plausibelste Kombination, ergänzt durch Geweih und Holz in der Erdarbeit. Die Vielfalt der Schlagmarken bestätigt das. Große, flächige Dellen deuten auf schwere Hammer. Kleine, dichte Gruben sprechen für feinere Werkzeuge oder für das Aufrauen vor dem Schleifen. Längliche Kerben können vom Kantenrichten stammen, wenn ein Hammer entlang einer Linie geführt wurde.

Aus geochemischer Sicht lassen sich Herkunft und Zugehörigkeit der Steine heute sicherer bestimmen. Sarsen besitzt eine signaturhafte Zusammensetzung aus Spurenelementen und eine bestimmte Textur im Dünnschliff. Proben, die an abgelösten Splittern oder historischen Bohrkernen gewonnen wurden, zeigen hohe Übereinstimmungen mit Blöcken aus den nördlichen Hochebenen. So lässt sich das Hauptkontingent der Sarsen in eine eng begrenzte Zone der Marlborough Downs einordnen. Für die Blausteine erlauben petrographische Fingerabdrücke und geochemische Profile eine Zuordnung zu verschiedenen Kuppen in den Preseli Hills. Dolerit mit charakteristischen Einsprenglingen, Rhyolithe mit markanten Gefügen und Tuffe mit definierten Komponenten zeichnen eine Karte der Herkunftspunkte. Isotopenmethoden tragen ergänzende Informationen bei. Bei Gesteinen werden stabile Muster genutzt, die über geologische Zeiträume erhalten bleiben. Im Verbund liefern diese Daten eine robuste Provenienz, die den weiten Transportweg aus dem Westen bestätigt und innerhalb des Steinbestandes Gruppen mit gemeinsamer Herkunft sichtbar macht.

Provenienzanalysen haben auch eine organisatorische Dimension. Wenn mehrere Dutzend Sarsen aus einem begrenzten Gebiet stammen, liegt eine zentrale Abbaulogistik nahe. Dort wurden Rohblöcke gesammelt, vorgeformt und in Schüben auf die Plain gebracht. Zwischenlager, Werkplätze und Wege werden dadurch wahrscheinlicher. Auf dem Gelände von Stonehenge selbst fallen Felder aus Sarsensplittern auf, die als Abfall der Endbearbeitung gelten können. Sie zeigen, wo gehämmert und geschliffen wurde. Die Verteilung dieser Splitter spiegelt die Abfolge der Arbeit. Zuerst wurden Ständer gesetzt, danach folgte das Anpassen der Lintel am Boden. Anschließend wurden die Lintel aufgelegt und die Fugen nachgearbeitet. Abschließend erfolgte die Glättung der sichtbaren Flächen. Diese Reihenfolge ist plausibel, weil sie schwere Hebephasen von filigranen Schleifphasen trennt.

Die Hebe- und Setzverfahren leben von wiederholbaren,

sicheren Schritten. Zuerst steht die Kontrolle der Unterlage. Kreideboden ist tragfähig, wenn er nicht durchfeuchtet und aufgerissen ist. Deshalb wurden Baugruben so angelegt, dass Wasser ablaufen konnte. Eine gestampfte Plattform verhindert das Einsinken der Basen. Beim Aufrichten verhindern seitliche Packsteine das Kippen in die Grubenwand. Seile sichern die Bewegung gegen unkontrolliertes Rutschen. Die Kraft wird verteilt, indem mehrere Stränge an einem Querholz befestigt sind, das als Joch wirkt. Menschen ziehen an vielen Seilen gleichzeitig. Ein Rhythmus entsteht, in dem Rufe oder Trommeln den Takt geben. So wird die Last gleichmäßig bewegt. Beim Absenken des Lintel auf die Zapfen helfen hölzerne Rinnen, die den Stein führen. Ein geringer Fall genügt, um den Zapfen in die Pfanne zu setzen. Danach wird mit Hölzern gehebelt, bis die Fuge sitzt. Das ist ein sensibler Moment, denn zu starke Schläge könnten Kanten ausbrechen. Die Handwerker arbeiten deshalb mit kleinen Schritten und stützen die Umgebung, damit keine Lastspitzen entstehen.

Statik zeigt sich auch in der kontrollierten Toleranz. Kein Stein steht für sich allein. Jeder Ständer ist in den Ring eingebettet. Ein geringer Verzug an einer Stelle wird von den Nachbarn aufgenommen. Die Trilithen im Hufeisen bilden eine innere Ordnung, die das Auge auf eine Achse fokussiert. Diese Achse verläuft über den Heel Stone hinaus. Sie ist für die Ausrichtung des Baus bedeutsam. Für die Statik wirkt sie wie eine konstruktive Gasse, in der die stärksten Portale stehen. Ihre Ständer besitzen die größten Querschnitte und die tiefsten Fundamente. Packungen und Fugen sind hier besonders sorgfältig. Die Krone des Hufeisens liegt auf dem höchsten Lintel. Das verlangt eine exakte Justage der Zapfenpfannen, damit der zentrale Riegel nicht zur taumelnden Last wird. Alles zielt auf Beruhigung. Der Lintelkranz begrenzt Bewegungen, die Packsteine dämpfen, die Zapfen sperren.

Im Detail verraten die Oberflächen auch die Arbeitsökonomie. Nicht jede Seite ist gleich fein. Innenflächen sind glatter, Außenflächen zeigen öfter die Spuren des Abhauens. Das spart Zeit, wo das Auge weniger prüft. Kanten, die stark im Blick stehen, sind sauber geführt. Kanten in Randzonen bleiben etwas weicher. Die Oberfläche eines Lintel kann innen einen Hauch stärker gewölbt sein, damit sie gegen den Himmel klarer konturiert. Solche Eingriffe sind klein, aber im Zusammenspiel wirkungsvoll. Sie zeigen, dass die Bearbeitung nicht nur technisch, sondern auch optisch gelenkt wurde. Die Steine sprechen in Linien, Flächen und Lichtkanten.

Die Verbindung zwischen Materialeigenschaft und Werkzeuggebrauch prägt den Klang des Ortes. Schlag auf Sarsen erzeugt einen hellen, harten Ton. Schleifen mit Sand ergibt ein dumpfes Rauschen. Wenn viele Männer gleichzeitig an einer Kante arbeiten, entsteht ein rhythmisches Geräuschband. Solche sinnlichen Aspekte lassen sich in der archäologischen Spur nur indirekt greifen, doch sie helfen, die Arbeitswelt an diesem Monument zu denken. Werkzeug ist nicht nur Mittel zum Zweck. Es richtet die Körper der

Arbeitenden, legt Pausen fest und erzeugt Wiederholungen, die in Erinnerung bleiben. In diesen Zyklen wird Wissen weitergegeben. Ein jüngerer Mann lernt am Schlagbild des älteren. Eine gut geführte Kante wird zum Lehrstück. Die Passung eines Lintel wird zur Prüfung für die besten Handwerker der Gruppe.

Im Rückblick lässt sich sagen, dass Stonehenge eine Brücke zwischen Holz- und Steintechnik schlägt. Zapfen und Pfannen, Zungen und Nuten, ringförmige Verbände und Portalrahmen kommen aus einer Welt, in der Balken und Pfosten den Raum fassen. In Stonehenge wird dieses Vokabular auf Gestein übertragen. Dadurch entstehen neue Anforderungen. Stein brennt nicht, aber er bricht, wenn Kraftspitzen nicht verteilt werden. Also werden Flächen leicht gerundet, Kanten geschont, Fugen so gearbeitet, dass sie nicht kneifen. Die Lösung liegt in der Kombination aus hoher Passgenauigkeit und großzügig verteilten Auflagern. Aus dem Holzbau wird das Prinzip übernommen, dass Verbände Kräfte umlenken und damit gefährliche Einzelbeanspruchungen verhindern. In Stein übersetzt, entsteht ein Kreis aus Lintel, der die Ständer umgürtet und im Inneren ein Hufeisen, das als Träger der stärksten Portale fungiert.

Die letzten Schliffe geben dem Ganzen seine Wirkung. Glatte Innenflächen reflektieren das Licht der tiefstehenden Sonne. Die Kanten zeichnen klare Linien gegen den Himmel. An den Fugen stehen keine Nasen, die den Blick stören könnten. Das Auge liest einen ruhigen Ring. Der Raum zwischen den

Ständern wirkt wie ein regelmäßiges Raster. Dieser Eindruck ist Ergebnis unzähliger kleiner Entscheidungen am Stein, am Hebel, am Seil. Baumaterial, Bearbeitung und Werkzeuge bilden zusammen eine Praxis, die in ihren besten Momenten kein Zufall ist. Sie erzeugt ein Monument, das sich nicht nur behauptet, sondern ein Versprechen von Dauer gibt.

Das Wissen um die Herkunft der Steine und um die Art ihrer Bearbeitung ist heute genauer als je zuvor. Rohblockfelder auf den Downs erklären die Verfügbarkeit des Sarsen. Geochemische Fingerabdrücke bestätigen die Herkunftsgebiete. Petrographie und Isotopenmethoden ordnen die Blausteine klar in die Landschaft der Preseli Hills ein. Schlagmarken, Schleifspuren und Splitterfelder auf dem Plateau von Stonehenge rekonstruieren die Arbeitsplätze und die Reihenfolge der Schritte. Experimente mit Hebezeugen aus Holz, mit Seilen aus Pflanzenfasern und mit Schlitten auf nassen Gleitbahnen zeigen, dass die vermeintlich unlösbaren Gewichtsprobleme mit wiederholbaren Verfahren zu bewältigen sind. Entscheidend ist die Organisation und der Mut zur Serie. Ein Stein wird bewegt, dann der nächste. Eine Passung gelingt, dann die nächste. So wächst aus Material, Schlag und Maß ein Bau, dessen technische Intelligenz bis heute überzeugt.

Die Steine sind also mehr als Rohstoffe. Sie sind Träger einer Idee von Ordnung, Dauer und handwerklicher Meisterschaft. Sarsen gibt dem Monument die feste, helle Struktur. Blaustein setzt dunkle Akzente und bringt eine weit gereiste Geschichte in den Kreis. Werkzeuge aus Stein, Holz und Geweih formen aus Rohblöcken architektonische Glieder. Abrasive und Geduld verleihen den Flächen Ruhe und den Kanten Schärfe ohne Fragilität. Zapfen und Pfannen, Zungen und Nuten binden die Einzelteile zu einem geschlossenen System. Packsteine, verdichtete Kreide und eine gut gesetzte Basis sorgen dafür, dass das Ganze steht. Geochemie und Isotopie, Petrographie und Spurensuche machen die Wege der Blöcke sichtbar und bestätigen die planerische Leistung hinter dem Bau. Stonehenge zeigt, wie weit eine Gesellschaft mit Stein und Holz gelangen kann, wenn sie Maß, Rhythmus und Wiederholung beherrscht. In jeder Facette liegt die Absicht, einen Ort zu schaffen, der Bestand hat. Genau das erzählen die Steine bis heute.

Transportwege und Logistik

Die Geschichte von Stonehenge ist ohne die Bewegung seiner Steine nicht zu erzählen. Zwischen den Lagerstätten der Baumaterialien und dem fertigen Monument liegt eine logistische Leistung, die Planung, Technik, Organisation und Gemeinschaftskraft über Generationen verband. Sarsenblöcke mit Gewichten um zwanzig bis fünfundzwanzig Tonnen, einzelne sogar deutlich schwerer, und kleinere Blausteine mit zwei bis vier Tonnen mussten über viele Kilometer vorangebracht, zwischengelagert und schließlich millimetergenau in Position gebracht werden. Der Weg verlief durch eine Kreidelandschaft mit offenen Höhen, trockenen Rücken und feuchten Niederungen. Flüsse boten Erleichterung, aber auch Risiken. Jede Entscheidung für Land oder Wasser, jede Schleife um eine Geländekante oder jedes Übersetzen an einer Furt hatte Folgen für Zeitplan, Sicherheit und Vorräte. In diesem Geflecht aus Wegen, Jahreszeiten und Aufgaben entstand ein Verkehrsnetz, das die Ridgeways, die Downs und den Korridor des River Avon zu Knoten einer beispiellosen Bauunternehmung verknüpfte.

Für die Sarsensteine deutet die geologische Spur zu den Marlborough Downs, genauer in einen bewaldeten Abschnitt im Westen dieses Plateaus. Die Distanz zu Stonehenge beträgt etwa fünfundzwanzig Kilometer. Das klingt überschaubar, verlangte aber eine kluge Linienführung. Auf den Höhen verläuft der Untergrund aus Kreide fest und trocken. Talzüge schneiden sich tief ein. Wer Gewicht bewegen will, meidet kurze, steile Abstiege und wählt lange,

flache Bögen über die Rücken. So wird der Weg zwar länger, die Belastung für Material und Menschen jedoch gleichmäßiger. Für die Blausteine dagegen zeigen petrographische Merkmale in die Preseli Hills in Westwales. Hier ist der Abstand immens. Zwischen dort und dem Wessex Raum liegen Berge, Flüsse und der breite Arm des Severn. Deshalb konkurrieren zwei Grundideen. Die eine setzt auf Landwege, die andere auf Wasser als Träger der Lasten, mit Portagen an unumgänglichen Übergängen. Beide Ansätze können sich ergänzen, denn Flüsse beginnen und enden nicht an der benötigten Stelle. Die Kunst bestand darin, Abschnitte zu kombinieren, die zusammen eine Kette bilden, robust gegenüber Wetter, jahreszeitlichen Schwankungen und unvorhergesehenen Störungen.
Beim Landtransport kamen Schlitten und Rollen zum Einsatz. Ein Schlitten ist ein hölzernes Gestell, das den Stein auf Kufen fasst. Unterlegt man die Bahn mit Bohlen, verringert sich die Reibung weiter. Mit Wasser benetzte Laufflächen lassen die Kufen besser gleiten. Versuche in Steinbrüchen und Freilandszenarien zeigen, dass die Zugkraft pro Tonne Last stark von Untergrund und Schmierung abhängt. Auf nasser Kreide oder auf Bohlen reichen einige Dutzend Männer für einen Blaustein, bei einem Sarsen sind mehrere hundert Zugkräfte sinnvoll, um ein gleichmäßiges Tempo zu halten. Rollen aus hartem Holz verteilen die Last. Die Kombination aus Rollen und Bohlenbahn erfordert eine eingespielte Staffel. Vorn legen Helfer frische Rollen ein, hinten sammeln andere die frei gewordenen und bringen sie

nach vorn. Seile aus Lindenbast, Weide oder Eibe, gedreht aus vielen Strängen, übertragen die Kraft. Ein umlaufender Zugkranz am Schlitten verteilt die Zuglast. Hinter dem Schlitten sichern Bremser mit Keilen, Hebeln und Querhölzern gegen unkontrolliertes Rutschen. An Hängen wird der Schlitten mit zusätzlichen Halteseilen rückgesichert. Bei Gefälle helfen Ankerpfosten, die man seitlich einschlägt. So entsteht ein beweglicher Ankerpunkt, der Stoßlasten abfängt.

Holzgestelle dienen als Hilfsrahmen, wenn Steine bewegt, gedreht oder aus unwegsamem Gelände herausgehoben werden müssen. A-förmige Bockgerüste, mit Zapfen verbunden und mit Stricken ausgesteift, tragen Flaschenzüge aus Seilschlingen. Das Prinzip ist einfach. Hebelarme verlängern die menschliche Kraft, die Last wird Schritt für Schritt angehoben, unterfüttert, angehoben und wieder unterfüttert. Auf diese Weise lassen sich Steine auch über Wurzelteller, Grabenränder oder Bachläufe hinwegsetzen. Eine Kette aus kurzen Bewegungen ersetzt den einen gefährlichen Ruck. Für feuchte Wiesen oder Torfstrecken eignet sich die Auslage von Mattenbahnen aus Reisigbündeln und Querbohlen, um das Einsinken zu vermeiden. Solche temporären Trassen konnten segmentweise vorgezogen oder zurückgebaut und an anderer Stelle wiederverwendet werden. Holz war kostbar, doch die Flusstäler des Avon und seiner Zuflüsse spendeten Weichhölzer in ausreichender Menge. Längere und tragfähige Hölzer mussten gezielt geschlagen, getrocknet und in Werkplätzen vorbereitet werden.

Beim Wassertransport stellt sich die Frage nach Booten, Flößen und Nachen. Ein Blaustein mit drei Tonnen lässt sich auf einem tragfähigen Floß aus Eichen- und Erlenstämmen stabil sichern. Mehrere Balken bilden einen Kern, darüber liegt eine Decklage, die Last verteilt. In seichten Abschnitten oder an Portagen ziehen Mannschaften am Ufer mit Leitseilen. Strömungen, Gezeiten und Untiefen erfordern Ortskenntnis. Der Severn-Arm besitzt eine starke Tidenwelle. Sie kann nützen, wenn die Flut Lasten flussaufwärts trägt. Sie ist gefährlich, wenn Wind und Strömung gegeneinander stehen. Ein denkbares Szenario für Blausteine aus den Preseli Hills sieht so aus. Vom Gebirge geht es auf Schlitten talwärts bis zu einer geeigneten Einsetzstelle. Von dort per Floß entlang der Küste in Richtung Severn, dann mit dem Tidenhub in die Mündung, weiter in ruhigen Stunden flussauf. Sobald die Strömung zu stark wird oder Flachstellen drohen, geht es ans Ufer, die Last wird entladen, per Schlitten an einer Portage umgangen und weiter flussaufwärts neu eingesetzt. In den Avon gelangt man über Mündungsarme und Nebenflüsse, bis der Abschnitt erreicht ist, an dem ein Landtransport wieder vorteilhaft ist. Von dort führen die Ridgeways auf trockenen Höhen bis in den inneren Wessex-Raum. Jedes Teilstück verlangt seine Truppe, sein Gerät und seine Leitung. Der Wechsel zwischen Wasser und Land ist kein Hindernis, solange Plätze für das Herausheben, Sichern und Wiedereinsetzen vorbereitet sind.

Eine Alternative ist ein weitgehend über Land geführter Transport, gestützt auf lang genutzte Höhenwege. Der Severn wird an einer günstigen Furt oder über eine saisonale Holzbrücke gequert. Der Vorteil liegt in der Kontrolle. Auf Höhen lässt sich die Bahn vorbereiten, Gefälle sind planbar, und Witterungseinflüsse bleiben überschaubar. Der Nachteil zeigt sich in der Dauer. Der Tross ist lang, die Versorgung muss laufen, es entstehen Engstellen an Hängen und Einschnitten. Wahrscheinlich wurden beide Systeme kombiniert, je nach Abschnitt und Jahreszeit. Auch für die Sarsenzüge von den Marlborough Downs gilt dieses Prinzip im Kleinen. Ein reiner Wasserweg steht nicht zur Verfügung, doch ein Kulminationspunkt an der Avenue und am River Avon deutet darauf hin, dass das Monument mit dem Flussraum bewusst verknüpft wurde. Im Bereich des heutigen Bluestonehenge an der Avon-Schleife sind Spuren eines Steinkreises und eines Anlandepunktes erkannt worden. Das spricht für eine Choreografie, in der Lasten, Menschen und Rituale zusammenkamen.

Große Bauvorhaben in vorstaatlichen Gesellschaften glücken durch Staffelung der Arbeitsjahreszeiten. Die Landwirtschaft bestimmt die freien Zeitfenster. Nach der Ernte im Spätsommer steht Arbeitskraft bereit. Der Winter bietet in milden Jahren gefrorene oder zumindest dauerhaft feuchte Böden, die das Gleiten auf Schlitten erleichtern. Experimente belegen, dass Wasser oder geschlämmter Lehm die Reibung auf Kreide stark reduziert. In frostigen Nächten erstarrt der Untergrund, Trassen tragen besser. Gleichzeitig sind die Tage kurz, Nebel behindern die Sicht, und Flüsse können anschwellen. Der Sommer bringt längere Tage und trockenere Höhen. Setzarbeiten an Gruben, das Aufrichten der Steine, feine Passarbeiten an den Köpfen der Pfeiler und an den Linteln gelingen in stabilen Wetterlagen. So ergibt sich ein Jahreslauf. Im Frühling werden Trassen gepflegt, Holz geschlagen, Seile geflochten, Schlitten repariert. Im Spätsommer beginnen Transporte aus den Marlborough Downs. Um die Wintersonnenwende verdichten sich Versammlungen und Feste, an denen viele helfende Hände verfügbar sind. Im Frühjahr folgt das Setzen und Ausrichten, im Sommer die endgültige Montage und die rituelle Inbetriebnahme der neu gefügten Abschnitte.

Dieses Zeitregime setzt Orte voraus, an denen Mannschaften leben, rasten und feiern. Nördlich von Stonehenge liegt der monumentale Erdwall von Durrington Walls. In seinem Innenraum wurden Hausgrundrisse, Herdstellen und große Mengen von Tierknochen gefunden. Vor allem Schweineknochen zeigen Schlachtmuster, die auf Feste um die Wintersonnenwende verweisen. Isotopenuntersuchungen an Zähnen deuten auf Herkunftsregionen aus weiten Teilen Britanniens. Das heißt, Menschen reisten zusammen, brachten Tiere mit oder ließen sie aus entfernten Herden zusammentreiben. Solche Feste waren mehr als üppige Mahlzeiten. Sie erfüllten die Funktion von Arbeitsbörsen und Absprachen. Wer zieht die nächste Last. Wer stellt Seile. Wer führt die Strecke. Wer sichert mit Hebeln. In der Nähe des Flusses verband eine breite Allee den Siedlungsbereich mit einem Anlandepunkt. Hier konnte Material aus Flussfahrten entladen und in die Prozessionen zum Monument eingebunden werden. Sammel- und Lagerplätze in der Umgebung dienten als Depots für Holz, Seile, Rollen und Bohlen. Eine Holzhalle oder offene Gestelle eigneten sich, um Seile trocken und luftig zu lagern. Nasse Stricke schrumpfen und werden spröde, daher ist Pflege entscheidend.

Versorgung ist mehr als Fleisch. Ein Bauzug mit zweihundert Zugkräften und vielleicht noch einmal hundert Sichernden, Schmierern, Rollenträgern und Vorarbeitern verbraucht an einem Tag eine gewaltige Menge Kalorien, Wasser und Salz. Rechnet man mit fünftausend Kilokalorien pro Person für Schwerarbeit, entstehen schnell eine Million Kilokalorien am Tag. Das entspricht, grob gerechnet, mehreren Rindern oder Dutzenden Schweinen, dazu Getreidebrei, Brotfladen, Käse und Bier. Wasserstellen müssen entlang der Strecke gesichert sein. Quelle, Bach oder Teich reichen nicht immer. Fässer und Lederschläuche erlauben Puffer. Salz stammt aus Küstenregionen, aus Salzmarschen und Siedepfannen, oder aus inlandnahen Salinen. Ohne Salz fehlt Konservierung. Fleisch, das nicht sofort verzehrt wird, lässt sich pökeln oder räuchern. Für Transporte über Tage ist das ein Schutz gegen Verderb. Auch die Tiere arbeiten. Hunde halten Herden zusammen. Zugtiere in großem Stil sind für diese Zeit in Südengland unwahrscheinlich, doch Rinder können Lasten schleppen und helfen beim Ziehen über kurze Distanzen, besonders bei leichten Blausteinen. Die Arbeitsrichtung bleibt menschlich. Die Steuerung übernimmt eine kleine Führungsgruppe. Ein Vorarbeiter gibt den Takt. Ein weiterer achtet auf die Bahn. Zwei sichern das Heck. Ein Trupp richtet die Rollen neu aus. Die einfachste Regel lautet, dass niemand beginnt, bevor alle bereit sind. Gleichmäßigkeit schützt Material und Menschen.

Die Knotenpunkte im Gelände sind klar erkennbar. Der River Avon bildet die nasse Achse. An seinen Ufern liegen natürliche Terrassen als Anlandeplätze. Die Avenue verbindet den Fluss mit dem Monument und schreibt die Richtung in den Boden. Die Ridgeways hingegen strukturieren die Höhen. Diese lang gezogenen Wege über die Kreiderücken sind seit prähistorischer Zeit begangen. Sie vermeiden feuchte Täler und erlauben weite Sicht. Wer eine Last von den Marlborough Downs führt, folgt einem Rücken nach Südwesten, quert Sattelstellen mit vorbereiteten Bohlenbahnen und nähert sich Stonehenge von Osten. Auf den Downs selbst befinden sich mögliche Sammelplätze. Hier wurden die Sarsen in Form gebracht. Ausbuchtungen, Abarbeitungen der Oberflächen und das Herauslösen von Kanten geschehen besser am Ort, an dem Holz, Wasser und Werkleute zur Hand sind. Ein leichterer, glatterer Block spart Zugkraft und steigert die Sicherheit. Auch die Gestalt der Lintel mit ihren Passungen zu den Zapfenköpfen der Pfeiler verlangt Präzision, die man nicht mitten auf der Strecke improvisieren will. Eine geordnete Abfolge entsteht. Gewinnung, Vorkomplettierung, Transport in Stufen, Zwischenlager, Endbearbeitung nahe der Baustelle, Aufrichten.

Sicherheit und Risiko sind allgegenwärtig. Ein Schlitten, der an einer Hangkante kippt, bringt Menschenleben in Gefahr und beschädigt den Stein. Risse im Gestein können unter Last aufgehen. Deshalb müssen Blöcke vor dem Anfahren geprüft werden. Schläge mit Holzhammern geben Resonanzen. Dumpfe Töne weisen auf Hohlräume in der Struktur. Solche Steine sind riskant. Seile altern und reißen. Ein Riss kündigt sich mit Knacken und Fasern an, die sich lösen. Seile werden deshalb regelmäßig umgelegt, entlastet und bei Bedarf mit frischen Strängen verstärkt. Bei glattem Untergrund droht ein unkontrolliertes Rutschen. Keile, Holzkanten und Sandstreu mindern das Risiko. Bei Regen wird die Bahn rutschig. Dann heißt es sichern statt stürmen. Flüsse sind trotz aller Vorteile heikel. Flöße können treiben und an Pfählen oder Steinen hängen bleiben. Ein Auslegerarm am Ufer, ein Pfahl mit Querholz, an dem sich Leitseile umlenken lassen, gibt zusätzlichen Halt. Häfen im Kleinen, mit sanft auslaufender Rampe, sind Gold wert. Für die Nacht braucht es Sperren. Ein Schlitten wird mit Querhölzern verkeilt, die Gräben werden mit Holzbarren versperrt, und ein Wachdienst verhindert, dass Unbefugte an Gerät und Vorräte gelangen.

Die Organisation solcher Züge setzt eine geübte Kommunikation voraus. Trommeln und Hornsignale strukturieren den Ablauf. Ein Schlag bedeutet anlegen, zwei Schläge lösen, ein langer Ton ist Stopp. Die Kommandos müssen eindeutig sein. Unterschiedliche Gruppen übernehmen klar definierte Rollen. Ein Team schmiert die Bahn, ein Team richtet die Rollen, ein Team zieht, ein Team sichert. Über allem steht eine Planung, die die Tagesetappen festlegt. Zehn Kilometer am Tag sind für einen leichten

Blaustein auf guter Bahn möglich. Mit einem Sarsen sinkt die Strecke stark ab. Ein Kilometer, vielleicht zwei, wenn das Gelände freundlich ist. Zwischenziele mit Wasser, Schutz und Lager sind dadurch vorgegeben. Diese Etappenplätze werden markiert. Pfostenreihen oder Steinhaufen zeigen an, wo die Bahn morgen weiterläuft. Dic Trasse selbst erhält ausgetretene Spuren. Auf Kreide ergibt sich eine helle, verdichtete Oberfläche, die Regen besser sheddert. Nach dem Zug werden beschädigte Stellen ausgebessert. So wird die Straße im Tun erschaffen.

Ein Beispiel verdeutlicht die Taktik. Ein Sarsenblock wird am Rand der Marlborough Downs auf einem vorbereiteten Schlitten fixiert. Die Kufen liegen auf Bohlen, die quer verschraubt sind, damit sie nicht auseinanderdriften. Seitenwangen fassen den Stein eng. Seile werden an einem umlaufenden Ring befestigt, der über Keile gegen Abrutschen gesichert ist. Die ersten hundert Schritt dienen als Probe. Rollen werden ergänzt, Keile nachjustiert, die Zugleute finden ihren Takt. Es geht in mäßiger Steigung über einen Rücken. Die Bahn ist sandig gestreut, um die Schmierung zu dosieren. In der Ferne liegt ein Sattel, dahinter eine breite, flache Mulde. Auf dem Sattel wird pausiert, Seile werden geprüft, die Sicherung neu organisiert. Beim Abstieg sichern zwei Halteseile, die über Ankerpfosten laufen und so den Schlitten bremsen. In der Mulde richtet ein Trupp ein Nachtlager ein. Wasser wird von einer nahen Quelle geholt, Feuer entzündet, Fleisch gekocht, Brot gebacken. Am Morgen beginnt der zweite Abschnitt. Nach einigen Tagen erreicht der Zug das

Plateau nördlich der Avon-Schleife. Von dort geht es zum Lager nahe Durrington Walls. Hier wird der Stein für die letzte Etappe vorbereitet. Die Avenue liegt vor dem Zug. Die Bahn ist fest, die Richtung klar. Der Stein erreicht den Rand der Baustelle. Dort warten die Setztrupps, die Grube ist ausgehoben. Holzrollen, Hebel und A-Gestelle übernehmen. Der Stein kippt kontrolliert in die Grube, wird mit Keilen lotrecht gestellt und mit Kreideverfüllung fixiert. Erst danach folgt die Feinarbeit am Kopf und das Fügen des Lintels.

Für die Blausteine lässt sich ein anderes Beispiel skizzieren. In den Preseli Hills wird ein Block aus einem natürlichen Spalt gewonnen. Holzkeile treiben in die Risse, Wasser lässt die Keile quellen. Der Block löst sich und wird auf einen Schlitten gesetzt. Ein kurzes, steiles Tal führt zu einem Bach. Die Bahn ist mit Reisigmatten belegt. Unten wartet ein Floß. Die Last wird mit Querbalken und Stricken gesichert. Der Fluss trägt den Stein in Richtung Küste. An einer Mündung wird ein Übergang zum offenen Wasser organisiert. Der Küstenabschnitt wird in ruhiger Wetterlage befahren. Entlang der Küste geht es Richtung Severn. Mit dem Tidenlauf gelangt der Zug in die Mündung. Eine Portage umgeht einen Stromschnellenabschnitt. Weiter flussauf, bis die Strömung zu stark wird. Dort erfolgt der Landgang. Über mehrere Tage geht es nun über Höhen auf einer Ridgeway-Linie. Am Avon wird erneut ein Floß zu Wasser gelassen. Die letzte Anlandung liegt nahe jener Schleife, an der die Avenue beginnt. Ein Anlegeplatz bietet flachen Zugang. Von dort führt der Zug den Stein auf vorbereiteter Bahn zu einem

Zwischenlager. Später wird er in den Innenkreis gesetzt. So verschränken sich Wasser- und Landphasen zu einer logischen Sequenz.
Die Logistik spiegelt eine Gesellschaft, die in der Lage war, über Jahre stabile Kooperationen zu organisieren. Prestige und Gegengaben motivieren. Ein Gastgeber, der Fleisch und Bier bereitstellt, sammelt Anerkennung. Ein Leiter, der einen Zug sicher ans Ziel bringt, gewinnt Ansehen. Siedlungen wie Durrington Walls werden zu Bühnen dieser Zusammenarbeit. Die Feste am Fluss stärken Bindungen, bestätigen Absprachen und erneuern die Bereitschaft, im nächsten Winter wieder zu ziehen, zu heben und zu setzen. Der River Avon ist mehr als ein Transportweg. Er ist die arterielle Verbindung zwischen Lebensorten und dem steinernen Zentrum. Die Ridgeways sind mehr als Wege. Sie sind Erinnerungsbänder im Land, an denen Geschichten und Verpflichtungen haften. Die Downs sind mehr als Kulissen. Sie sind Arbeitsräume, Depots und Prüfstände für Geräte. All diese Ebenen zusammen erklären, wie aus entfernten Blöcken eine geordnete Architektur werden konnte.
Am Ende zeigt sich, dass die Frage Land gegen Wasser zu kurz greift. Der Erfolg lag in der Fähigkeit, das Mögliche aus beiden Welten zu kombinieren. Schlitten, Rollen, Seile und Holzgestelle sind keine spektakulären Erfindungen. Ihre Stärke liegt in der Wiederholbarkeit, in der Anpassbarkeit an Gelände und Wetter und in der Sicherheit, die sie bieten, wenn sie geübt angewendet werden. Saisonale Kampagnen binden das Baugeschehen an den Jahreslauf und an

gesellschaftliche Feste. Sammel- und Lagerplätze, mit Bedacht gewählt, werden zu Scharnieren zwischen Abschnitt und Abschnitt. Die Versorgung mit Fleisch, Getreide, Milch, Salz und Wasser sichert die Kraft, die solche Unternehmungen verlangen. Die Knotenpunkte River Avon, Ridgeways und Downs geben dem Netzwerk eine stabile Geometrie. Und die Aufmerksamkeit für Risiko, von der Wahl des Steins bis zur letzten Sicherung am Hang, bewahrt Menschen, Material und Zeitplan. Das Monument, das daraus hervorging, ist nicht nur ein Produkt von Vision und Ritual. Es ist auch das Ergebnis einer meisterhaften Logistik, die Wege in Landschaft und Gesellschaft so miteinander verband, dass am Ende ein Kreis aus Steinen entstand, der bis heute standhält.

Bauorganisation und Gesellschaft

Der Bau von Stonehenge zeigt eine Form der Zusammenarbeit, die über das Alltägliche der Jungsteinzeit hinausreicht. Das Monument entstand nicht in einem einzigen Anlauf, sondern in vielen Kampagnen über Generationen hinweg. Diese lange Dauer weist auf eine Gesellschaft hin, die wiederholt genügend Menschen, Nahrung, Material und Wissen mobilisieren konnte, um ein anspruchsvolles Projekt in einer offenen Landschaft zu verwirklichen. Die Organisation des Baus war zugleich ein Spiegel sozialer Verhältnisse und ein Instrument, um diese Verhältnisse zu festigen. Wer Stein bewegt, verhandelt auch Bindungen, setzt Prioritäten, verteilt Aufgaben, macht Verpflichtungen sichtbar und schafft Anlässe, die über den Zweck hinaus Bedeutung stiften.

Die Mobilisierung von Arbeitskraft beruhte auf dem Jahreslauf. Nach der Ernte war Zeit vorhanden, um überregionale Treffen zu veranstalten. Die Böden waren trockener und Wege besser passierbar. In den Wintermonaten wurden Schweine geschlachtet und gelagert, was große Mahlzeiten erlaubte. Solche Zeitfenster machten aus dem Bauprozess eine wiederkehrende Saison des Zusammenkommens. Hunderte, teils wohl auch mehr, fanden sich in Arbeitsgruppen zusammen. Familien traten als Einheiten auf, Nachbarschaften reisten gemeinsam an, verbündete Gruppen folgten Einladung und Brauch. Wer anreiste, brachte Werkzeug, Seile, Holz, Tiere und Töpferwaren mit, oft mit regionalen Eigenheiten. Das sichtbare Nebeneinander unterschiedlicher Stile und Gerätschaften konnte selbst zum Zeichen werden. Man erkannte, wer von wo kam, und ließ die Vielfalt kontrolliert an einem gemeinsamen Ziel arbeiten.

Diese Mobilisierung wurde von einer Festökonomie getragen. Feiern, Gastmähler und rituelle Handlungen bildeten das soziale Schmiermittel, um große Projekte zu ermöglichen. Wer ein Fest ausrichtete, übernahm Verantwortung für Versorgung und Rahmen. Wer eingeladen war, nahm die Ehre an und bekräftigte damit die Beziehung. Schwein und Rind wurden in großen Mengen verarbeitet, Fleisch gebraten, Suppen gekocht, Mark ausgelassen, Knochen in Feuerstellen verkohlt. Großformatige Töpfergefäße, teils rauwandig und mit markanten Randprofilen, wurden für Gemeinschaftsessen genutzt. Anlegeplätze am Fluss, offene Plätze innerhalb von Hengeanlagen und Siedlungen wie Durrington Walls wurden zu Bühnen, auf denen Essen, Trinken, Musik, Tanz und Prozessionen ineinandergreifen konnten. Die Erinnerungen an solche Feste wirkten über den Anlass hinaus. Sie stifteten Ruf, sie schufen Erzählungen, sie machten Bündnisse lebendig.

Die Rollenverteilung im Bauprozess war vielfältig. An der Spitze standen Planer, die mit Maß, Blick und Überlieferung arbeiteten. Sie legten Achsen fest, markierten Sichtlinien und bestimmten Orte für Gräben, Wälle, Steine und Wege. Daneben agierten Spezialisten. Dazu gehörten Vermesser, die mit Schnur und Pflock Kreise setzten, Holzhandwerker, die Schlitten, Joche, Hebeböcke und Gestelle bauten, Seilmacher, die aus Bast, Flachs, Lindenrinde oder Tiersehnen robuste Stränge fertigten, Steinbearbeiter, die mit Hammersteinen Flächen abrissen und Kanten glätteten, sowie Setzer, die Gruben dimensionierten, Pfosten schlagkräftig verklemmten oder Sarsenblöcke in Gruben kippten und aufrichteten. Erfahrene Männer und Frauen beaufsichtigten die Zugmannschaften, gaben Kommandos, bestimmten den Rhythmus der Zugkraft, prüften die Neigung, sicherten Steine gegen Wegrollen und überwachten das Unterbauen. Die größte Gruppe bildete die Gemeinschaftsarbeit. Sie zog, schob, stützte, schichtete, füllte, trug. Jugendliche brachten Wasser, Holz, Futter, schärften Klingen oder hielten Seile auf Spannung. Ältere beaufsichtigten und gaben Hinweise, denn Wissen war an Erfahrung gebunden. So mischten sich Spezialisierung und breite Beteiligung. Der Bau war weder reine Expertenarbeit noch ungelenke Masse, sondern ein Zusammenspiel, in dem jede Aufgabe ihren Platz hatte.

Führungseliten spielten eine entscheidende Rolle. Im Wessex Raum des späten Neolithikums und der frühen Bronzezeit legen reiche Grabhügel und Prestigegüter nahe, dass es Personen mit ausgeprägtem Ansehen gab, die Netzwerke zusammenhielten und zeigen konnten, dass sie Ressourcen bewegen konnten. Goldbleche, Schmuck, Waffen in feiner Arbeit, kunstvoll geschliffene Keulenknäufe und die sorgfältige Anlage von Hügelgräbern belegen eine Kultur der Darstellung und der Übereinkünfte. Solche Eliten mussten nicht ausschließlich durch Zwang wirken. Vieles deutet auf eine Gabeökonomie hin, die auf Gegenseitigkeit beruhte. Wer gab, erwartete auf Zeit eine Gegengabe. Wer Feste ausrichtete, erwartete Teilnahme, Ansehen und eine künftige Einladung. Ein Monument wie Stonehenge war in diesem Sinne eine Bühne für die Fähigkeit, zu geben und zu organisieren. Die Einladung zum Bauen war damit auch eine Einladung in einen Kreis, der Status verlieh. Führung zeigte sich in der Kunst, die vielen Hände in einem Rhythmus zu koordinieren, Chaos in Leistung zu verwandeln und daraus eine Erzählung von Ordnung, Rang und Wohlstand zu formen.

Die Sozialstruktur im Wessex Raum war nicht auf einen einzigen Mittelpunkt festgelegt. Neben Stonehenge gab es weitere Zentren, die in zeitlicher Überschneidung oder Abfolge große Bedeutung erlangten. Avebury mit seinem riesigen Henge und den zugehörigen Avenues, Silbury Hill als monumentaler Erdaufwurf von gewaltigem Volumen, Marden Henge im Tal der Avon und Mount Pleasant bei Dorchester zeigen, dass die Region mehrere Orte kannte, an denen Gemeinschaften in großem Maßstab zusammenarbeiteten. Diese Pluralität spricht für ein Geflecht aus lokalen Gruppen, die sich zu regionalen Verbünden zusammenfanden. Es gab Siedlungsplätze in Nähe fruchtbarer Böden, flussnahe Terrassen, Wege über die Kreidehöhen, es gab Viehhaltung mit saisonalen Bewegungen und eine räumliche Organisation, die Treffpunkte und Kommunikationsachsen kannte. Der Austausch war nicht nur materiell. Heiratsbeziehungen, Patenbindungen und geteilte Rituale verliehen dem Netz Stabilität. In einer solchen

Landschaft diente ein Monument nicht nur der dort lebenden Gruppe, sondern zog überregionale Teilnehmer an. Die Einbindung in das Netz war sichtbar, wenn Delegationen aus verschiedenen Gebieten mit ihren Tieren, Werkzeugen und Sitten anreisten.
Der Vergleich mit Avebury und Silbury Hill verdeutlicht, wie ähnlich und zugleich verschieden Arbeitsorganisation ablaufen konnte. Avebury erforderte das Ausheben eines enormen Kreisgrabens und das Setzen zahlreicher Großsteine. Das verlangte nach Armeen von Grabenarbeitern, nach Lehm- und Kreideabtransport, nach gut koordinierten Zugmannschaften und nach Wegeunterhalt, damit Lasten nicht im feuchten Boden versanken. Silbury Hill verlangte eine andere Choreografie. Für den Bau eines gestuften Hügels aus Kreide, Lehm, Grassoden und Schutt brauchte es unzählige Körbe, planvolle Schichtung, ständige Stabilitätsprüfung und eine Organisation, die Materialströme in die richtige Reihenfolge brachte. In beiden Fällen ist vorstellbar, dass Bauabschnitte als Etappen mit klarer Zielmarke definiert wurden. Eine Kampagne hob einen Grabenabschnitt aus, die nächste erweiterte, eine dritte verdichtete und glättete. Ähnlich dürften die Phasen von Stonehenge geplant worden sein. Erst die Anlage des Henge, dann Holzarchitekturen, später die Blausteine, schließlich der Sarsenkreis mit den mächtigen Decksteinen. Jede Etappe brachte neue Anforderungen an Werkzeug, Fachwissen und Befestigungstechnik mit sich und jede Etappe bot einen Anlass für ein Fest, das die Etappe

abschloss oder einweihte.
Rituale integrierten die Arbeitswelt. Der Akt des Bauens war selbst ritualisiert. Das Anlegen einer Grube, das Senken eines Steins, das Klinken eines Zapfens in eine Vertiefung, das erste Licht, das entlang einer Achse durch den Kreis wanderte, konnten als Handlungen verstanden werden, in denen sich Ordnung manifestierte. Prozessionen verbanden Siedlungen mit dem Monument, Flussübergänge markierten Übergänge von Alltagswelt zu Kultraum, Fackeln, Gesang, Geräusche von Trommeln oder Pfeifen schufen Atmosphäre. Die Teilnahme erzeugte Zugehörigkeit und Erinnerung. Kinder wuchsen in diese Formen hinein, Jugendliche fanden ihren Platz, Erwachsene übernahmen Rollen, Ältere gaben den Ton vor. Wer gemeinsam zog, feierte und baute, teilte mehr als Mühe. Man teilte ein Weltbild, das den Himmel mit der Erde verknüpfte und soziale Ordnung in sichtbare Form übersetzte. Die Solstitien waren dabei Fixpunkte. Wenn das Licht an besonderen Tagen exakt über einer Steinreihe aufging oder in einer Achse verschwand, bestätigte sich das Versprechen, dass Bau und Kosmos zueinander passen.
Wissensweitergabe sicherte die Kontinuität. In einer Schriftlosen Kultur ruht Präzision auf Erinnerung, Nachahmung und Übung. Junge konnten den Alten zusehen, während diese Schnüre spannen, Pfähle setzen und Messungen wiederholen. Handgriffe wurden fortlaufend eingeübt. Steinbearbeiter gaben Techniken weiter, wie Schlagwinkel den Abtrag steuern, wie man Kanten begradigt, ohne die Fläche auszuhöhlen, wie man Laufflächen für

Decksteine glättet. Holzhandwerker lehrten, wie ein Schlitten gleitet, wenn Querträger den Druck verteilen, wie Seile mit nassem Leder vor Abrieb geschützt werden, wie man Keile setzt, um Lasten fein zu justieren. Ritualautorität hütete das Wissen über die Ausrichtung. Wo der Horizont aufreißt, wann die Sonne wiederkehrt, wo Schatten fallen, welche Bezugspunkte zu nehmen sind, alles wurde in Erzählungen gefasst und an den Orten selbst verknüpft. Ein erfahrener Leiter konnte an Ort und Stelle mit dem Finger zeigen, Linien ziehen, Punkte setzen und dabei die Geschichte des Ortes erzählen. So blieb das Wissen handlungsnah, überprüfbar und wirksam.

Projektorganisation bedeutete auch Fürsorge. Wer Menschen versammelt, muss Wasserstellen kennen, Brennholz sichern, Abfall entsorgen, Wege instand halten, Verletzte versorgen. Lagerplätze wurden so gewählt, dass Windschutz, Nähe zu Ressourcen und Abstand zu empfindlichen Bereichen zusammenspielten. Gruben wurden abgedeckt, um Unfälle zu vermeiden, Zugbahnen markiert, um gefährliche Hänge zu meiden. Die Gemeinschaft pflegte Regeln, die den Ablauf schützten. Eine Truppführung gab Zeichen für Zug und Halt. Keine Mannschaft zog ohne Gegenmannschaft an Sicherungsseilen. Feuerstellen lagen windabwärts vom Materiallager. Schlachtabfälle wurden getrennt deponiert. Solche Regeln waren nicht nur praktische Klugheit. Sie erzeugten das Gefühl, Teil eines geordneten Ganzen zu sein, dessen Sicherheit von jedem abhängt. Sicherheit wurde damit zu einem Element gemeinsamer Verantwortung.

Die Arbeitskraft am Stein war eingebettet in eine breitere Ökonomie. Viehhaltung lieferte Kraft in Form von Nahrung, Fell für Kälteschutz, Knochen als Rohstoff, Sehnen für Bindungen. Ackerbau schuf Vorräte, die eine Saison fern der Heimat erlaubten. Handwerk produzierte Überschüsse, die als Gaben zirkulieren konnten. Die Gabeökonomie band Gruppen aneinander. Eine Gruppe brachte Rinder, eine andere Salz, eine dritte bearbeitete Holz. Gegenseitigkeit entstand nicht als Tausch im engen Sinn, sondern als Netz wechselseitiger Hilfen. Ein Monument war der Ort, an dem diese Hilfsbeziehungen sichtbar wurden. Wer seine Gabe zeigte, zeigte Zugehörigkeit. Wer leistete, gewann Stimme. Wer ausrichtete, verstärkte Ansehen. Aus solcher Dynamik wuchs Loyalität gegenüber Führung, die nicht nur Befehle gab, sondern Lehren und Lasten teilte.

Ein wichtiger Aspekt war die regionale Arbeitsteilung. Die Marlborough Downs lieferten Sarsenblöcke. Aus den Preseli Hills kamen Blausteine. Zwischen diesen Quellgebieten und Salisbury Plain spannten sich Wege, die über Hochrücken führten oder Flüsse nutzten. An Knotenpunkten wurden Lasten umgeschlagen, Mannschaften wechselten, Lager nachgefüllt. Aus diesen Übergängen entstanden Orte mit eigener Bedeutung. Ein Lager mit guter Quelle und geschützter Mulde konnte sich zu einem wiederkehrenden Treffpunkt entwickeln, ein Ort mit Ritualen und Abläufen, die die Durchreisenden kannten. So schrieb sich der Bau von Stonehenge in die Karte der südenglischen Landschaft ein. Wege sind nicht nur Linien im Raum, sie sind gelebte

Beziehungen, sie tragen Geschichten und Verpflichtungen.
Der soziale Nutzen des Bauens war nicht nur nach außen gerichtet. Innerhalb der Gruppen konnte der Bau Konflikte abmildern. Gemeinsame Arbeit schafft Gelegenheiten, Spannungen in Leistung zu verwandeln. Wer sich rivalisierte, konnte an einem gemeinsamen Stein ziehen und sich dabei in eine Reihe stellen, in der das Ziel über dem Streit stand. Anführer konnten durch sichtbare Fürsorge für Gerechtigkeit sorgen, indem sie Aufgaben fair verteilten, verdiente Anerkennungen aussprachen und bei Festen auf Ausgewogenheit achteten. Die sichtbare Gerechtigkeit stärkte Vertrauen. Fehltritte wurden dadurch auffällig, dass sie den Ablauf störten. So sorgte das Ritual des gemeinsamen Bauens für ein Korrektiv, das kaum Worte brauchte.
Die Beziehungen zwischen den Zentren im Wessex Raum lassen auf Wanderungen von Handwerkern und Wissen schließen. Ein Steinbearbeiter, der an Durrington Walls mit Holzarchitekturen gearbeitet hatte, konnte nach Avebury wechseln und dort Erfahrungen mit dem Setzen von Großsteinen einbringen. Eine Ritualleitung, die die Wintersonnenwende am Avon markierte, konnte nach Mount Pleasant reisen und dort das Ritual an die lokale Topografie anpassen. Durch diese Bewegungen verbreitete sich ein Kanon an Handgriffen und Zeichen. Ein anderer Kanon blieb ortsgebunden und stiftete lokale Identität. Das Spiel zwischen gemeinsamem Repertoire und ortsspezifischer Ausprägung erzeugte Vielfalt im Rahmen von Verwandtschaft.

Über die Generationen änderten sich Motivlagen, doch die organisatorischen Grundprinzipien blieben vertraut. Als Metall aufkam und neue Prestigeformen mit sich brachte, verschoben sich Werte. Goldbleche, Dolche und neue Schmuckformen gewannen an Gewicht. Dennoch blieb der Brauch des Festes, des gemeinsamen Erinnerns und des heiligen Ortes stark. Der Bau wurde seltener, die Pflege, das Wiederaufstellen, das Reparieren und das Neuinterpretieren traten stärker hervor. Stonehenge beherbergte Bestattungen, wurde neu gerahmt, erfuhr kleine Korrekturen. Diese Pflege verlangte weiterhin Organisation und die Bereitschaft, Arbeitszeit einzubringen. Die Erzählung der Gemeinschaft war stärker als der Zwang, denn ohne freudige Teilnahme verliert ein Monument seinen Sinn.

Die sichtbaren Spuren in Knochen, Töpferware und Pfostenlöchern weisen auf ein System hin, das Pflicht und Lust, Arbeit und Fest, Technik und Ritual zusammenband. Es gab Verbindlichkeiten, doch sie wurden in Formen gegossen, die als Ehre und Freude erlebt werden konnten. Die Mächtigen bewiesen ihren Rang, indem sie die Lasten sichtbar trugen und Anlässe schufen, bei denen viele teilhaben konnten. Die Spezialisten demonstrierten ihr Können, doch sie gaben es weiter und sicherten damit Nachfolge. Die breite Gemeinschaft trug die Masse der Arbeit und gewann dafür Teilhabe und Schutz. So entstand eine Balance, die ein Jahrhundertprojekt möglich machte.

Diese Balance war anfällig für Wandel. Dürren, Ernteausfälle, Krankheiten, interne Konflikte oder neue Ziele der Eliten konnten die Ausrichtung verändern. Ein anderes Zentrum konnte zeitweise mehr Anziehungskraft entfalten, eine neue Ritualerzählung konnte neue Wege eröffnen, ein neuer Handelsstrom konnte Aufmerksamkeit binden. Doch über längere Zeit blieb Stonehenge ein Bezugspunkt, der nicht allein wegen seiner Steine, sondern wegen seiner sozialen Funktion Bedeutung trug. Es war ein Ort, an dem man sah, wer man war. Man sah es in der Linie der Steine, im Hell des Morgens, im Murren der Zugseile, im Rufen der Aufseher, im Dampf über den Kesseln, im Trott der Ankommenden, im Leuchten der Fackeln. Die Gesellschaft des Wessex Raumes spiegelte sich in all diesen Bildern. Ihre Ordnung war nicht in Schrift fixiert, sondern in Formen, Gesten und Handlungen. Darum ist der Bau nicht nur ein technisches Kunststück, sondern ein sozialer Text, der lesen lässt, wie Menschen sich zu einem großen Werk zusammenfanden.

Die langfristige Wirksamkeit einer solchen Organisation beruhte darauf, dass ihre Regeln in das Gefühl der Menschen übergingen. Die Achse des Monuments war die Achse einer Geschichte. Wer sie kannte, fand seinen Platz. Wer ankam, wurde eingeführt. Wer alt war, erinnerte. Wer jung war, lernte. Zwischen Planern, Spezialisten und der großen Zahl der Helfenden entstand ein stiller Vertrag. Der Vertrag besagte, dass die Welt Sinn hat, wenn man gemeinsam handelt. Dieser Sinn wurde an Festtagen gefeiert und in Arbeitswochen bestätigt. Dadurch wurde Stonehenge nicht nur gebaut. Es wurde bewohnt von Erinnerungen, von Beziehungsgeflechten, von Pflichten und Gaben. Die

Bauorganisation war damit in Wahrheit Gesellschaftsorganisation. Sie schuf Infrastruktur im Kopf und im Herzen.

Die Verbindung von Mobilisierung, Festökonomie, Rollenverteilung und Führung, die Einbettung in eine regionale Sozialstruktur, das Zusammenwirken mit anderen Zentren und die Kraft der Rituale erklären, warum ein Projekt wie Stonehenge entstehen und über so lange Zeit erhalten werden konnte. Die Wissensweitergabe durch Übung, Erzählung und Ritualautorität stabilisierte die Verfahren, ohne schriftliche Fixierung zu benötigen. Jeder Stein steht somit auch für eine gelernte Geste, für einen Ruf, der aus vielen Mündern zugleich kam, und für ein Versprechen, das die Gemeinschaft sich selbst gab. Dieses Versprechen war die Zusage, dass der Himmel wiederkehrt, die Wege sich kreuzen, die Gäste erscheinen und dass aus den Händen vieler etwas entsteht, das größer ist als jede der beteiligten Gruppen. Wer heute die Steine sieht, sieht eine Organisation, die in der Lage war, aus Arbeit Fest zu machen und aus Fest Ordnung zu gewinnen. Die Gesellschaft hinter Stonehenge wird so fassbar, ohne Namen zu hinterlassen. Ihre Signatur ist das Monument, und seine Form erzählt vom Miteinander, von Wissen und von Führung, die in Gabe und Gegengabe Vertrauen schuf.

Innere Strukturen und Funktionen der Elemente

Das Innere von Stonehenge wirkt auf den ersten Blick wie eine stille Ordnung aus Steinen, in Wahrheit ist es ein dichtes Geflecht aus Bauelementen, Wegen, Achsen und Spuren von Handlungen. Jedes Detail scheint auf ein anderes zu antworten. Der Blick folgt Linien, die in den Himmel zeigen, verlagert sich auf Wegespuren am Boden, bleibt an Vertiefungen hängen, liest in den Steinen wie in einer Chronik. Wer versucht, die Funktionen der Elemente zu verstehen, nähert sich einem Gesamtensemble, das im Laufe vieler Generationen aufgebaut, umgestellt und neu interpretiert wurde. Aus dem Wechselspiel von Steinkreisen, Gräben, Deponierungen und Sichtachsen entsteht ein Raum, der zugleich Bühne, Kalender, Erinnerungsort und Ort der Begegnung gewesen sein kann.

Der früheste Horizont ist in den Aubrey-Löchern greifbar. Es handelt sich um 56 kreisförmig angeordnete Gruben, die dem Denkmal seinen ersten Takt gaben. Sie liegen just innerhalb des Walles und markieren den inneren Rand der frühen Anlage. Die Löcher wurden sorgfältig ausgehoben und wieder verfüllt. In mehreren von ihnen fanden sich die Reste verbrannter Menschenknochen. Damit zeichnet Stonehenge in der frühen Phase eines der größten bekannten Kremationsfelder seiner Zeit. Die Verteilung der Kremationen folgt keinem starren Schema und doch zeigt sich eine wiederkehrende Praxis. Einzelne Personen wurden selektiv bestattet, Asche und Knochenfragmente mussten zuvor eigens gesammelt, gereinigt und in organische

Behältnisse gefüllt worden sein. Solche Handlungen binden Menschen und Ort eng zusammen. Zugleich spricht vieles dafür, dass ein Teil der Aubrey-Löcher hölzerne Pfosten trug. Die Pfosten hätten in den Himmel geragt, Zeichen gesetzt, vielleicht die Gruben als heilige Punkte markiert und später den Übergang zu Steinen vorbereitet. In dieser Lesart bündeln die Aubrey-Löcher Erinnerung, Anrufung und die erste klare Geometrie des Monuments.

Um die Aubrey-Löcher herum liegt die Henge-Struktur aus Kreisgraben und Wall. Der Graben ist innen, der Wall außen. Diese Inversion ist bemerkenswert und macht deutlich, dass hier kein Wehrbau entstand, sondern ein umfriedeter Ritualraum. Der Graben wurde mit Geweihspitzen und Steinwerkzeugen gezogen, das gebrochene Kreidegestein diente dem Aufbau des Walles. Zwei Öffnungen gliedern die Anlage, eine breite im Nordosten, eine schmalere im Südwesten. Sie definieren eine lange Achse, die bis in die spätesten Umgestaltungen hinein maßgeblich blieb. Schon im Grabenmaterial finden sich Deponierungen, etwa Geweihgeräte, deren Abnutzungsspuren zeigen, dass sie nicht nur als Werkzeug dienten, sondern als Gabe niedergelegt wurden. Wer hier eintrat, verließ den offenen Horizont der Ebene und betrat eine Landschaft der Zeichen, die den Blick lenkte und die Schritte ordnete.

Im Inneren erreicht die Architektur mit dem Sarsen-Kreis und dem Trilithon-Hufeisen ihre größte Monumentalität. Der Sarsen-Kreis bestand aus 30 hochkant gestellten Blöcken, auf denen ein durchgehender Lintelkranz ruht. Die Oberflächen wurden sorgfältig bearbeitet, Kanten begradigt, die Oberseiten der Lintel leicht gekrümmt, so dass die Ringlinie harmonisch wirkt. Die Steine sind mit Zapfen-Pfannen-Verbindungen gefügt, waagerecht dank Nut und Feder stabilisiert. Diese technische Präzision schafft eine stille Perfektion. Der Ring bildet keine Mauer, sondern eine durchlässige Grenze. Er selektiert Eindrücke, schneidet den Himmel zu und lässt definierte Sichtfenster stehen. Das Trilithon-Hufeisen steht innerhalb des Kreises, fünf gewaltige Torpaare, die sich nach Nordosten öffnen. Das mittlere ist das höchste. Der Grundriss verengt den Raum nach innen, steigert die Dramaturgie. Wer vom Nordostzugang kommt, durchschreitet die Achse und sieht die Staffelung wie eine Inszenierung. Je tiefer man vordringt, desto stärker wird der Eindruck von Innerlichkeit. Die Architektur führt den Körper und den Blick.

Zwischen und innerhalb der Sarsen stehen und standen Blöcke aus Blaustein. Sie sind kleiner, von dunklerer Farbe, von anderer Herkunft. Sie wurden in mehreren Phasen gesetzt, neu gruppiert, zu Kreis und Oval gestellt und schließlich zu einem Hufeisen geordnet, das die Form der großen Trilithen spiegelt. Die Materialkombination aus hartem Sarsen und den vielfältigen Blausteinen erzeugt einen visuellen und haptischen Kontrast. Auf den Oberflächen der Blausteine lassen sich Schlagspuren erkennen, sie splittern in scharfkantige Schuppen. Aus dem Innenraum wurden zahlreiche kleine Splitter geborgen, als ob Besucher bewusst Stücke abtrennten, vielleicht als Träger von Bedeutung. Die

Blausteine reagieren auf Klang anders als Sarsen, sie scheinen auf Anschlag kurz zu klingen. In einer Menschenmenge, begleitet von Trommeln, Rufen, Gesang, erzeugt die Kombination aus stehenden Flächen und enger gestellten Blöcken akustische Nischen und Rückwürfe. Der hohe Lintelkranz lenkt Schall nach unten zurück. Der Kreis wird damit nicht nur zu einem visuellen Instrument, sondern auch zu einem akustischen Körper, der Klänge fängt, bündelt und zeitlich verlängert.

Im Kernbereich liegt der Altarstein. Er ist ein länglicher Block aus feinkörnigem Sandstein und ruht heute flach nahe der Achse. Ob er je aufgerichtet war, ist ungewiss. Seine Lage verknüpft ihn mit der Ausrichtung des gesamten Ensembles, denn er liegt genau dort, wo die Blicke von der Öffnung im Nordosten auf das Zentrum treffen. Als liegender Stein wirkt er wie eine Bühne für Opfergaben, für Gefäße, für Objekte, die in Zeremonien gezeigt wurden. Seine andere Gesteinsart hebt ihn hervor. In der Logik der Anlage wäre der Altarstein weniger ein Tisch der Opferung als ein Marker, der den Treffpunkt von Blicken, Wegen und Worten markiert.

Vor dem Eingang, außerhalb des Kreises, erhebt sich der Heel Stone. Er ist ein einzelner, aufrecht stehender Sarsenblock, rau, hoch und leicht geneigt. Von der Mitte des Denkmals aus gesehen rahmt er zusammen mit dem Eingang den Aufgangspunkt der Sonne zur Sommersonnenwende. Wer in der Morgendämmerung des längsten Tages auf der Mittelachse steht, sieht die Sonne scheinbar neben dem Stein aufgehen. Die Wirkung entfaltet sich nur im Zusammenspiel mit der Avenue, die den Weg aus dem Tal hinauf ins Monument führt. Der Heel Stone ist weniger eine Einzelgestalt als ein Gegenspieler der inneren Trilithen. Er öffnet die Achse nach außen, macht klar, dass Stonehenge nicht nur in sich ruht, sondern auf die Landschaft antwortet. Innerhalb des Walles markieren die Station Stones eine weitere, oft unterschätzte Ordnung. Vier Positionen bilden ein Rechteck, von dem zwei Steine heute fehlen. Das Rechteck steht schräg zur Sonnenachse. Seine Diagonalen greifen Richtungen auf, die in der Himmelsbeobachtung bedeutsam sein können. Damit entsteht eine zweite geometrische Schicht, die die Solstitiallinie ergänzt. In der räumlichen Erfahrung verbinden die Station Stones den inneren Kreis mit dem Wallrand. Sie übersetzen die große Kreisform in ein rechtwinkliges Maßsystem. Das schafft Orientierung für Aufstellungsordnungen, für Wege der Prozession, für Orte, an denen Personen und Objekte aufgestellt wurden.

Die Avenue ist der gebaute Weg, der Stonehenge mit dem River Avon verbindet. Sie zieht in einem markanten Bogen aus dem Tal herauf, nimmt die Achse auf und führt sie bis in den Eintritt in den Kreis. Ihr Profil, leicht eingeschnitten und in zwei parallelen Wällen gefasst, macht aus Bewegung ein Ritual. Wer von unten kommt, steigt aus der Nähe des Wassers hinauf, der Horizont öffnet sich erst allmählich, dann liegen die Trilithen wie ein Tor in der Ferne. In der Gegenrichtung begleitet die Avenue den Blick hinaus in die Tiefe des Tales. Wasser, Weg und Stein verketten sich zu

einem Choreographietriplett. Bewegung wird hier zur Handlung mit Bedeutung. Es ist vorstellbar, dass Prozessionen von nah und fern an der Mündung der Avenue versammelt wurden, sich ordneten, Geschenke trugen, Feuer entzündeten, Gesänge anstimmten. Die Anlage antwortet mit Sichtachsen und Resonanz.
Am Eingang liegen Spuren von Feuerstellen. Sie bilden kleine dunkle Linsen im hellen Untergrund. Auch im Inneren fanden sich Brandspuren, verbrannte Flintsplitter, verkohlte Samen und Knochenfragmente. Feuer schafft Licht, Rauch, Geruch und Wärme und markiert Übergänge. Das Anzünden von Feuern am Beginn und am Ende einer Prozession könnte den Wechsel vom Profanen ins Heilige markiert haben. Deponierungen gehören ebenso zu den inneren Funktionen. In Gruben, an Pfostenstandorten und in Füllschichten der Kreide tauchen Gegenstände auf, die nicht pragmatischer Entsorgung geschuldet sind. Dazu zählen Geweihgeräte mit bewusst erhöhter Abnutzung, sorgfältig gebrochene Keramik, ausgewählte Tierknochen, seltene Werkzeuge aus besonderem Feuerstein. Solche Gaben erzählen von einem Regelwerk. Nicht alles wurde geopfert, sondern genau das, was die Gemeinschaft als wertig und wirksam erachtete. Deponieren heißt Festhalten von Erinnerung. Die Dinge verbleiben im Boden, aber ihre Geschichten kursieren weiter. Die Oberfläche der Sarsen dokumentiert eine weitere Form von Deponierung. In das harte Gestein sind Bildzeichen eingearbeitet, darunter zahlreiche Äxte und Dolche. Die Motive stammen aus einer Zeit, in der Bronzeobjekte zu

Prestigezeichen wurden. Das Einritzen dieser Symbole auf alte Steine überlagert Epochen. Es ist ein stiller Dialog zwischen der Gemeinschaft, die das Monument erbte, und jenen, die es bauten. Auf diese Weise wurde Stonehenge nicht nur genutzt, sondern auch fortlaufend kommentiert. Die Zeichen sind keine Beiwerke, sie sind Teil des Funktionsgefüges. Sie transformieren die Steine in Träger von Geschichten.

Die Sequenz der Setzungen und Umgestaltungen verleiht dem Ensemble Tiefe. Zuerst entstanden Kreisgraben, Wall und die Aubrey-Löcher. Es folgten hölzerne Pfostenstellungen, das Kremationsfeld und die frühe Ausrichtung der Achse. Später kamen die Steine in mehreren Schüben. Zunächst wurden Blausteine gruppiert, umgestellt, temporär entfernt, erneut arrangiert. Dann wurden die gewaltigen Sarsen gewunden, aufgerichtet und mit Linteln gegradigt, eine Ingenieurleistung, die Präzision und Organisation verlangte. Nach dem Setzen des Sarsen-Kreises wurde das Blausteinprogramm in ein Oval und schließlich in ein inneres Hufeisen verdichtet. Außen, jenseits des großen Kreises, markiert ein Doppelkranz aus Gruben, die Y- und Z-Löcher, eine später geplante, wohl nie vollständig realisierte Erweiterung. Auch am Eingang zeigen verschieden tiefe Gruben, dass dort Pfosten versetzt, entfernt und ersetzt wurden. Ein Teil der Achsensteine wurde nachgerichtet, der Heel Stone scheint Spuren von Positionswechseln zu zeigen. All das deutet auf eine Generationenarbeit. Jede Phase respektiert Altes und führt Neues ein, bewahrt Achsen,

verschiebt Linien, stärkt die Spirale von Wiederholung und Innovation.
Diese Dynamik spricht für eine lebendige Nutzung. Rituale sind nicht erstarrt, sie werden erprobt, angepasst und mit Ereignissen der Zeit verknüpft. Ein Todesfall in einer führenden Familie, ein Bündnis zwischen Sippen, eine Phase besonderer Kälte oder besonderer Fülle, all das kann Impulse gegeben haben, Steine zu setzen, Gaben zu deponieren, Wege zu öffnen oder zu schließen. Der Raum wurde nicht nur für eine Elite gebaut, sondern in Abstufungen für verschiedene Gruppen. Der Wall bildet eine äußere Zone des Sehens und Gesehenwerdens. Der Sarsen-Kreis markiert eine mittlere Zone für Prozessionen und geordnete Aufstellungen. Das Trilithon-Hufeisen und der Bereich um den Altarstein bilden die innerste Zone der Handlung. Diese Staffelung erzeugt soziale Choreographien. Wer wie nahe an das Zentrum herantrat, war wahrscheinlich geregelt und von Rang, Aufgabe und Anlass abhängig.
Die symbolische Sprache des Monuments verbindet Kontraste. Hell und dunkel, rau und glatt, schwer und leicht, offen und geschlossen. Kreide, die aufleuchtet, wenn sie frisch gebrochen wird, und Steine, die Schatten binden. Wasser im Tal und Stein auf der Höhe. Holz, das lebt, und Stein, der dauert. Die frühe Gegenwelt aus Holz bei Durrington Walls, die später in Kapitel über die Landschaft als Ganzes eingeordnet wird, hilft diese Polarität zu verstehen. Dort Festtafeln, saisonale Häuser, Rinderschädel, Geselligkeit und die Rückkehr nach jedem Jahr. Hier Steine,

Kremationen, beständige Zeichen und der Blick zu Sonne und Mond. Die Avenue verbindet beide Welten. In dieser Verbindung liegt ein Hinweis auf Übergangsrituale. Der Weg vom lebendigen Fest zum stillen Stein könnte den Wandel vom Diesseits zum Ahnenreich modelliert haben. Nicht als Ende, sondern als Wiederkehr, denn die Achse weist unaufhörlich auf die wiederkehrenden Punkte im Jahr.
Die astronomische Funktion ist unmittelbar spürbar. Die Achse fokussiert den Sonnenaufgang um die Sommersonnenwende, sie rahmt den Sonnenuntergang um die Wintersonnenwende. Die Station Stones bieten zusätzliche Richtungen. Die Schattenwürfe der Trilithen lassen in der morgendlichen und abendlichen Sonne deutliche Linien entstehen. Der Lintelkranz schneidet aus dem Himmel eine gezähmte Zone, in der Wanderungen der Sonne spürbar werden. Es ist plausibel, dass am kürzesten Tag des Jahres die größte Dichte symbolischer Handlung stattfand. In der Dunkelheit wird jedes Licht wirkungsvoll. Die Gemeinschaft rückt zusammen, es wird geschlachtet, geteilt und versprochen. Der Blick entlang der Achse ins rötliche Licht des sinkenden Wintersonnenlichts hat eine eigene Kraft. Die astronomische Ausrichtung ist damit weniger ein Observatorium der Berechnung als ein Verstärker des Empfindens und der Ordnung der Jahreszeit. Sicher wurde gerechnet und skaliert, doch noch sicherer wurde gefühlt, gesehen und erinnert.
Die akustische Dimension stützt diese Lesart. Ein Kreis aus hohen, relativ glatten Flächen ist ein Resonanzkörper.

Stimmen tragen weiter, Trommeln erhalten einen Nachhall. Der Unterschied zwischen Innen und Außen wird hörbar. Draußen verliert sich Klang in der Ebene. Drinnen prallen Wellen an Steinflächen, werden gebrochen und kehren zurück. Die blauen Steine mit ihren feinkörnigen Strukturen reagieren anders als die schweren Sarsen. Das Hufeisen im Inneren schafft eine Schale, die den Klang der zentralen Zone mehrfacht. Wenn Menschen um die Achse stehen, entsteht zudem ein beweglicher Klangschirm. Das Ergebnis ist eine akustische Bühne, auf der Sprecher, Sänger und Rituelleiter einzelne Worte und Töne markant platzieren konnten. Akustik wird damit zum Teil der Regie. Was gesagt, gesungen und gerufen wurde, stand im Einklang mit dem Weg der Sonne und dem Schrittmaß der Prozession.

Die Frage nach der Funktion einzelner Elemente lässt sich nicht auf ein Wort reduzieren. Die Aubrey-Löcher trugen Pfosten, nahmen Gaben und Kremationen auf, banden den frühen Kreis an den Himmel. Der Graben und der Wall schufen eine Grenze, die Distanz und Nähe regelte. Der Sarsen-Kreis bildete den Rahmen einer Bühne, auf der Kollektivhandlungen in geordneter Form durchgeführt werden konnten. Die Blausteine brachten einen anderen Stoff in die Komposition, als wären sie Träger von Erinnerung und von überregionalen Beziehungen. Der Altarstein markierte den Punkt, an dem Wege und Worte sich kreuzten. Der Heel Stone und die Station Stones verbanden die innere Ordnung mit der Landschaft und dem Himmel. Die Avenue machte aus einem Weg eine Erzählung. Feuerstellen, Deponierungen und Ritzungen schrieben die Geschichten der Menschen in den Raum ein. Zusammengenommen ergibt sich ein Ensemble, das Rituale der Erinnerung, der Einbindung in Netzwerke und der durch den Himmel vorgegebenen Zeitstruktur ermöglichte.

Die Umgestaltungen zeigen, dass Funktionen nicht starr blieben. Wurde eine Achse einmal gelegt, blieb sie erhalten, doch die Schwerpunktsetzung verschob sich. Anfangs standen Kremation und Holzpfosten im Vordergrund, dann der Übergang zu Stein, dann die Festigung der solaren Ausrichtung und schließlich die Überlagerung durch Zeichen einer neuen Metallzeit. Prozesse, die über Jahrhunderte laufen, erzeugen Schichten. Jede Schicht deutet die vorherige um, ohne sie auszulöschen. So wird Stonehenge zu einem Archiv von Entscheidungen. In den Spuren der Schaufel und in den feinen Ritzungen an den Sarsen liegt dieselbe Absicht, die Welt zu ordnen und zu erinnern.

Das Handeln im Inneren war wahrscheinlich streng choreographiert. Eine Prozession könnte sich am Fluss gesammelt haben. Dann wurde der Zug geordnet, Schreiter mit Stäben und Bannern vorneweg, Träger von Gaben dahinter, Musizierende an den Flanken, die Gemeinschaft in Gruppen gebündelt. Auf der Avenue stieg die Erwartung. Am Eingang brannten Feuer. Ausgewählte Personen traten in den Sarsen-Kreis ein, andere blieben am Wall, sahen und hörten. In der innersten Zone fand die Kernhandlung statt, vielleicht ein Treueschwur, die Bekanntgabe einer Verbindung zwischen Familien, die Anrufung von Ahnen, das Erinnern an die Verstorbenen der kalten Jahreszeit. Danach wurden Gaben deponiert, Flächen gereinigt, der Kreis wurde wieder geöffnet. Solche Regie bekommt über die Jahre eine eigene Tradition. Sie wird gelernt, an Jüngere weitergegeben, in kleinen Details verändert, ohne den Kern zu verlieren.

Aus architektonischer Sicht ist die Statik Teil der Funktion. Der Lintelkranz stabilisiert die Stelen, die Stelen tragen den Kranz. Die Zapfen-Pfannen-Verbindungen verhindern seitliches Verrutschen. Die leicht nach innen geneigten Innenflächen der großen Trilithen wirken wie ein stützendes Gegendreieck. So wird aus schwerem Stein ein System voller Spannungsausgleich. Diese Stabilität hat eine Botschaft. Sie steht für Dauer, Verlässlichkeit und den Anspruch, Generationen zu überdauern. In einer Welt, in der Häuser aus Holz und Lehm schneller vergehen, stellt Stonehenge eine andere Zeitlichkeit zur Schau. Wer unter dem Kranz steht, steht buchstäblich unter einer Entscheidung, die über das Jetzt hinausweist.

Das Innere ist auch ein Ort der Lehre. Linien und Proportionen lassen sich am Stein zeigen. Man kann die Achse abgehen, mit Seil und Messstab Winkel schlagen, mit Schatten und Stäben den Lauf der Sonne erklären. Die Station Stones und die wiederkehrenden Abstände in Kreis und Hufeisen geben ein Maßsystem vor. Das Wissen liegt nicht in Texten, sondern im Vollzug von Handlungen. Die Anlage ist das Lehrbuch. Kinder und Jugendliche wachsen in ein System von Zeichen hinein. Handwerker lesen am Stein, wie man Lasten hebt und Fugen setzt. Rituelle lesen an Wegekreuzen, wie man Szenen aufstellt. Ältere lesen an Gabenplätzen, wo Erinnerung neu befestigt werden muss. Das Innere von Stonehenge ist damit ein Raum der Vermittlung.

In Summe zeigt sich ein in sich verschachteltes Funktionsgefüge. Jedes Element trägt mehr als eine Bedeutung. Ein Loch ist Pfostenstandort, Grabstelle und Gabeort. Ein Stein ist Träger von Last, Bildträger und Resonanzfläche. Ein Weg ist Verbindung zum Fluss, Prozessionsstrecke und Zeitmesser. Ein Blick ist Himmelspeilung und soziale Hierarchie. Aus diesen Überlagerungen erwächst eine Dichte, die Stonehenge einzigartig macht. Der Ort ist nicht nur die Summe seiner Teile, sondern ein System, das Verhalten kanalisiert und Sinn erzeugt.

Wenn heute im Sommer die Sonne über dem Heel Stone aufsteigt und die ersten Strahlen durch den Eingang in das Innere fallen, wenn im Winter das Licht auf der Achse sinkt und die Schatten der Trilithen länger werden, dann ist die Sprache des Ortes noch zu hören. Sie spricht nicht in Wörtern, sondern in Linien, in Wegen, in Steinen und in dem, was die Menschen hier taten. Die Aubrey-Löcher halten die Erinnerung an die ersten Gemeinschaften. Der Kreisgraben und der Wall zeigen die Grenze zwischen Welt und Ritual. Der Sarsen-Kreis und das Hufeisen ordnen die Handlung. Der Altarstein markiert die Mitte der Bedeutung. Der Heel Stone und die Station Stones öffnen das Innere zum Himmel. Die Avenue verbindet Wasser und Stein. Feuerstellen, Deponierungen und akustische Effekte machen aus Stein eine lebendige Bühne. Die Sequenzen der Setzungen und Umgestaltungen bezeugen, dass der Ort nie abgeschlossen war. Rituale, symbolische Lesarten und astronomische Ausrichtungen verschränken sich. So wird verständlich, weshalb Stonehenge nicht verstummt. Der Raum spricht, solange man ihn zu lesen bereit ist.

Stonehenge als Landschaftskomplex

Stonehenge erscheint auf den ersten Blick als isolierter Steinkreis auf einer weiten Hochebene. Wer jedoch den Blick von den Sarsen und Blausteinen löst und ihn über die Landschaft wandern lässt, erkennt ein dichtes Geflecht aus Monumenten, Wegen und Sichtbeziehungen. Der Steinkreis ist nur ein Knotenpunkt in einem größeren System aus Henges, Gräben, Wegen und Grabhügeln. Dieses System ordnet Bewegungen und Blickachsen, trennt und verbindet zugleich Bereiche für die Lebenden und die Verstorbenen, und bindet das Monument an Flussläufe, Höhenzüge und Horizonte. Das Verständnis von Stonehenge als Landschaftskomplex verändert die Perspektive radikal. Aus dem einzelnen Ring wird ein choreographiertes Raumtheater, in dem Wege, Ufer, Kreise und Erhebungen zu Akteuren werden.

Wer den Fluss Avon aufwärts begleitet, spürt früh, dass Wasser mehr als nur eine geographische Gegebenheit darstellt. Der Fluss bildet einen Korridor, der die Ebene von Salisbury strukturiert und als natürlicher Leitfaden dient. Aus dem Osten oder Südosten kommend erreicht man eine Flussschleife, an der Spuren intensiver Rituale zusammentreffen. Hier endet die Avenue, ein künstlich angelegter, von flachen Wällen gesäumter Weg, der von Stonehenge hinunter zum Avon führt. Die Avenue zwingt die Bewegung in eine bestimmte Richtung und mit ihr den Blick. Wer sich auf ihr fortbewegt, erlebt eine Abfolge von Raumeindrücken, die nicht zufällig ist. Das Band der Avenue leitet aus dem offenen Himmelsraum der Hochebene hinab in die Nähe des Wassers und wieder empor. Der Wechsel zwischen feuchten, dunkleren Flusssedimenten und hellem Kreideboden markiert ein Betreten und Verlassen von Zonen mit unterschiedlicher symbolischer Aufladung. An der Einmündung in den Fluss öffnet sich ein Übergang, der als Schnittstelle zwischen Ritualen am Wasser und Ritualen im Steinkreis gedeutet werden kann. Die Orientierung der Avenue folgt der Achse, die am Tag der Sommersonnenwende in Richtung des Sonnenaufgangs und am Tag der Wintersonnenwende in Richtung des Sonnenuntergangs weist. Landschaft, Weg und Himmel greifen ineinander.

Nahe dieser Flussbiegung lagen Spuren eines weiteren Steinkreises, der mit Blausteinen gefasst war und heute als Bluestonehenge bezeichnet wird. Anhand der Ausbrüche und Vertiefungen lässt sich rekonstruieren, dass hier einst eine kreisförmige Anordnung stand, die später abgebaut wurde. Die Blausteine sind Materialien mit einer eigenen Geschichte und Herkunft. Ihre Präsenz an diesem Ort legt nahe, dass der Übergang vom Wasser auf die Avenue by einer steinernen Markierung begleitet war. Der Weg aus der Flussaue hinauf zu Stonehenge begann somit an einem Ort, der bereits eine sakrale Signatur trug. Wer die Stufen vom Fluss ansteigt, blickt zunächst in eine Landschaft, die nach Osten und Westen streckt. Erst mit der Annäherung an die Hochfläche treten andere Monumente in den Wahrnehmungsraum. Die Inszenierung ist bewusst gestaffelt.

Wenige Kilometer nordöstlich von Stonehenge erstreckt sich Durrington Walls, eine der größten Hengeanlagen Britanniens. Ein weiter Erdwall und ein Graben fassen eine Fläche, in deren Innerem sich Spuren zahlreicher Häuser und größerer Versammlungsbereiche fanden. Tierknochen, vor allem von Schweinen, deuten auf ausgedehnte Feste. Die Anlage war Ort der Zusammenkunft, der Versorgung und der Arbeit. Hier wurde geschlachtet, gekocht, gefeiert, geschlafen, geplant. Die Nähe zu Holzarchitektur ist auffällig. Pfostenkreise, rechteckige Hausgrundrisse und breite Wege sprechen für ein Milieu des Alltäglichen und Vergemeinschaftenden. Die Beziehung zwischen Durrington Walls und Stonehenge wird durch den Fluss vermittelt. Von Durrington führt ein Weg zum Avon hinunter. Von dort aus kann man flussabwärts die Mündung der Avenue erreichen. In diese Abfolge fügt sich Woodhenge ein, ein eindrucksvoller Pfostenkreis südlich von Durrington. Dicht gesetzte Pfostenringe aus Holz markieren eine Zone, in der Formstrenge und Akustik eine Rolle gespielt haben dürften. Holz trägt die Spuren von Handwerk, es altert und vergeht. Stein hingegen überdauert. Zwischen Durrington, Woodhenge, dem Fluss und Stonehenge entfaltet sich eine räumliche Dramaturgie, die Holz mit dem Bereich der Lebenden verbindet und Stein mit dem Bereich der Ahnen.

In diesem Gefüge bildet die Avenue das auffälligste künstliche Band. Sie ist kein direkter, effizienter Weg, sondern ein auf Sichtbeziehungen abgestimmter Korridor. Ihre Wälle schirmen seitlich ab und öffnen nach vorn. Die leichte

Schräglage des Terrains, die hellen Flächen der Kreide, die glitzernden Wasserläufe des Avon bei Sonnenschein und die Schattenlängen in den Morgen- und Abendstunden ergeben zusammen ein wechselndes Spiel aus Kontrast und Kontur. Wer sich in Richtung des Steinkreises bewegt, erlebt das Monument erst spät in voller Form. Zunächst erscheinen Einzelsteine, dann der Lintelkranz als helle Linie unter dem Himmel, dann tritt das ganze Hufeisen der Trilithen hervor. Dieser Moment kontrollierter Enthüllung ist Teil der Inszenierung. Der Weg ist damit nicht nur Verbindung, sondern Regisseur eines Rituals, das den Körper führt, den Rhythmus der Schritte bestimmt und die Wahrnehmung lenkt.

Nördlich des Steinkreises zieht sich das Great Cursus durch die Landschaft. Es handelt sich um ein langgestrecktes Rechteck aus linearen Wällen und Gräben, die im Osten und Westen offen enden. Der Verlauf schneidet Querungen, führt entlang von Rücken und Mulden und wirkt wie eine ausgedehnte Bühne für Prozessionen. Wer das Cursus betritt, folgt einer Längsrichtung, die weniger auf einen Punkt zielt, sondern auf eine Bewegung ohne klare Endstation. Der Blick bleibt in der Horizontalen, die Schritte finden ihr Maß in der Länge der Strecke. Das Cursus ordnet die Landschaft wie eine Richtschnur und setzt ein Gegenbild zum Kreis. Es bindet nicht in die Mitte, es zieht die Aufmerksamkeit in die Ferne. Zwischen der kreisförmigen Zentrierung von Stonehenge und der linear offenen Form des Cursus entsteht ein Spannungsfeld aus Sammlung und Bewegung. An den

Rändern des Cursus liegen später angelegte Rundhügel, die den linearen Raum mit der Sprache des Bronzezeitgräberfeldes neu fassen. So überlagern sich Zeitstufen und Formen und kommentieren einander über Jahrhunderte hinweg.

Um Stonehenge breiten sich mehrere große Barrowfelder aus. Im Süden liegt Normanton Down wie eine markante Kette von Hügeln auf dem Horizont. Im Osten reihen sich die King Barrows entlang eines Höhenrückens. Im Westen bildet die Gruppe von Winterbourne Stoke ein Feld aus unterschiedlich großen Erhebungen. Wer zwischen diesen Hügeln steht, spürt, wie die Topographie den Blick lenkt. Kämme bilden Kanten gegen den Himmel, die im Seitenlicht des Abends in Relief treten. Die Rundhügel sind nicht nur Grabstätten, sie sind sichtbare Marker im Raum. Sie schreiben genealogische Erzählungen in die Landschaft und verknüpfen die Lebenden mit den Vorfahren. Der Steinkreis liegt inmitten dieser Marker wie ein alter Pol im Netz, dessen Fäden über die Höhenrücken gezogen sind. Wenn bei klarer Luft der Blick weit reicht, bilden sich Linien zwischen Hügelgruppen, Cursus und Steinkreis. Im Dunst des Winters scheinen die Konturen zu schweben, und die Hügel werden zu Inseln im grauen Meer. In beiden Fällen ist das Sehen kein Nebeneffekt, sondern integraler Bestandteil der Nutzung dieser Landschaft.

Die Sichtbeziehungen sind zahlreich und differenziert. Von der Avenue aus öffnen sich Blickfenster, die genau auf den Steinkreis zielen. Vom Fuß des Heel Stone führt die Achse über den Eingang hinweg in die Mitte der Anlage und weiter hinaus bis zur Linie der King Barrows. Über den Lintelkranz hinweg zeichnet sich der Verlauf der Hänge ab. Wer auf Normanton Down steht, erkennt Stonehenge als Silhouette, die sich deutlich vom hellen Kreidehorizont abhebt. Im Morgengrauen ist die Anlage eine dunkle Klammer, in der Mittagssonne eine helle Krone. Diese Effekte entstehen nicht zufällig. Die Linien der Wälle, die Lage der Eingänge und die Höhenstaffelung der Trilithen greifen aufeinander. Der Raum ist damit nicht nur topographisch, sondern optisch organisiert.

Die Wege-Choreografie in der Landschaft folgt daraus. Ein möglicher Ablauf beginnt bei Durrington Walls. Menschen sammeln sich, teilen Speisen und Nachrichten, bereiten Geräte und Gaben vor. Von dort führt der Weg zu Woodhenge, wo die Ordnung der Pfostenkreise das Treten und Stehen rhythmisiert. Der Abstieg zum Avon markiert den Eintritt in eine andere Zone. Am Ufer liegen Anlegeplätze und trittsichere Flächen. Gruppen bewegen sich entlang des Wassers, erreichen die Einmündung der Avenue, betreten sie und folgen ihrem leichten Anstieg. Der Blick konzentriert sich. Geräusche dämpfen sich an den Wällen. Die Schritte werden gleichmäßiger. Am oberen Ende steht der Steinkreis. Hier verdichten sich Handlungen. Einzelne treten vor, tragen Gefäße, heben Blicke, setzen Zeichen. Nach dem Ritual zerstreuen sich die Gruppen auf verschiedenen Routen. Einige ziehen weiter zu den Rundhügeln, andere wenden sich dem Cursus zu, wieder andere kehren zum Fluss zurück.

Diese Choreografie ist kein starrer Plan, sie bietet vielmehr eine Palette von Möglichkeiten, aus denen man zu bestimmten Zeiten bestimmte Sequenzen wählt. Jahreszeiten bringen zusätzliche Ordnung. Der Tag der Wintersonnenwende legt andere Wege nahe als der Sommer. Regen, Wind und Bodenfeuchte verändern die Begehbarkeit. Doch die Grundstruktur bleibt erkennbar: ein Umlauf zwischen Holz und Stein, zwischen Wasser und Höhe, zwischen Strecke und Kreis.

Die Dichotomie von Holz und Stein prägt diese Struktur tief. Holz steht für Leben, Wachstum, Arbeit, Wärme. Es wird gefällt, bearbeitet, errichtet, erneuert. Es nimmt Klänge auf und gibt sie anders zurück als Stein. In den Pfostenkreisen hallen Stimmen kurz, Schritte sind gedämpft, Feuer knistert in Körben. Stein steht für Dauer, Kühle, Gewicht, Schweigen. Die Oberfläche der Sarsen ist hart, die Kanten sind gezielt gebrochen und geglättet. Wer eine Hand auflegt, spürt kaum Nachgiebigkeit. Diese Gegensätze sind nicht rein materiell. Sie tragen Bedeutungen. Durrington Walls und Woodhenge bilden ein Milieu, in dem die Lebenden handeln, in dem Versorgung und Geselligkeit dominieren und in dem Rituale den Ablauf des Alltags ordnen. Stonehenge ist der Ort, an dem die Verbindung zu den Ahnen und zu zyklischen Himmelsereignissen hergestellt wird. Die Avenue übersetzt die Bedeutungen. Sie ist das Band, das die Sphären verschaltet. Der Fluss ist der Schwellenraum, an dem man die Richtung wechselt und den Übergang bewusst markiert.

Innerhalb dieses Gefüges erhält Stonehenge eine

Zentrumsfunktion im Wessex-Kulturlandschaftssystem. Der Begriff Wessex benennt nicht nur eine geographische Region, sondern auch eine Region des Austauschs und der besonderen Dichte an Monumenten. Im Norden liegen Avebury mit seinem gewaltigen Steinkreis und Silbury Hill als imposanter Erdberg. Dazwischen erstrecken sich Höhenzüge mit alten Wegen, die später als Ridgeways bekannt sind. Im Westen und Süden finden sich weitere Henges, Grabhügelreihen und lineare Anlagen. Wer sich über diese Höhen bewegt, trifft in regelmäßigen Abständen auf Orte mit hoher Signatur. Stonehenge ist darin ein Magnet. Die Herkunft der Sarsen aus den Marlborough Downs und der Blausteine aus fernen Regionen erzählt von Wegen, die Materialien und Menschen verbanden. Feste bei Durrington Walls lassen erkennen, dass die Ebene saisonal große Gruppen anzog. Rinder und Schweine wurden herangeschafft, Werkzeuge und Schmuckstücke wechselten die Besitzer, Nachrichten und Lieder verbreiteten sich. In diesem Netz ist Stonehenge ein Kulminationspunkt, an dem unterschiedliche Fäden zusammenlaufen. Wer hier Rituale durchführt, gehört dazu. Wer hier gesehen wird, verankert Status. Wer hier ruht, bleibt im Blickfeld der Nachkommen.
Die Nähe und das Wechselspiel mit Avebury und Silbury Hill verstärken diesen Eindruck. Zwischen beiden Zentren liegen Tagewege, die über offene Hänge und Kämme führen. Beide Orte setzen auf mächtige Eingriffe in den Boden und auf dominierende Formen. Beide sind an Linien gebunden, die den Himmel und die Horizonte ansprechen. Dennoch

unterscheiden sie sich in Material und architektonischer Sprache. Gerade dieser Unterschied kann Teil einer überregionalen Choreografie gewesen sein. Ein Zyklus von Orten mit verschiedenen Schwerpunkten, der Pilgerfahrten, Bündnisse und Austausch strukturierte. In einer solchen Lesart bildet Stonehenge die Station, an der das Fest des Lichts in das Gedenken an die Ahnen übergeht und an der die Jahreszeiten symbolisch überschreiten. Der Weg vom Fluss hinauf in den Kreis ist dann mehr als Bewegung im Raum. Er wird zur Einbindung in ein soziales und kosmisches Gefüge.

Auch im Kleinen zeigt der Landschaftskomplex eine klare Ordnung. Zwischen einzelnen Hügeln liegen Senken, die Wasser sammeln und Rasenflächen hervorbringen, die in trockenen Sommern anders schimmern als die Umgebung. Solche Farbdifferenzen können Wege betonen oder Ränder markieren. Tierpfade kreuzen die Monumente und lassen erkennen, wie Herden geführt wurden. Kleine Pfostenstellungen markieren Punkte, an denen man Fackeln abstellen oder Banner befestigen konnte. Steine im Gelände, heute oft umgestürzt oder vom Pflug verlagert, könnten einst Wegweiser oder Ruhepunkte gewesen sein. Der Wind zieht über die Höhen, verstärkt an den Grabenrändern und beruhigt sich in den Niederungen. Wer eine Prozession leitet, berücksichtigt solche Details. Trommeln erklingen anders am Ufer als auf dem Kreiderücken. Gesang trägt weiter, wenn man gegen den Wind steht. Die Avenue liegt nicht zufällig dort, wo sie liegt. Sie nutzt die natürlichen Linien und

verstärkt sie durch die künstliche Fassung.
Die zeitliche Schichtung des Landschaftskomplexes ist deutlich. Frühneolithische Anlagen setzen erste Zeichen. Spätere Henges und Pfostenkreise ergänzen das Netz. Der Ausbau von Stonehenge mit seinen mächtigen Sarsen setzt einen neuen Takt. Die Bronzezeit legt Barrowfelder über ältere Linien und deutet sie um. Jede Epoche nutzt das Vorhandene, fügt ihm Eigenes hinzu und verschiebt die Bedeutungen. Diese Schichtung ist nicht chaotisch. Sie folgt wiederkehrenden Mustern. Linien werden betont, Kanten markiert, Höhen als Bühnen genutzt, Wasser als Schwelle behandelt. Daraus entsteht der Eindruck einer dauerhaften Planung, obwohl Generationen beteiligt sind. Das Sprechen der Landschaft bleibt verständlich, selbst wenn Wörter und Grammatik wechseln. Aus der Perspektive der Archäologie wird daraus ein Lehrbuch der räumlichen Semantik.
Wer heute durch den Komplex geht, folgt oft Wegen, die von modernen Schutzmaßnahmen bestimmt sind. Doch selbst auf den ausgewiesenen Pfaden lassen sich die alten Bezüge erfahren. Der Blick von der Avenue in die Weite, das aufragende Profil der King Barrows, der lange Schwung des Cursus, die beruhigende Nähe des Flusses, die Weite der Kreidehänge, all das erzeugt noch immer jene Mischung aus Orientierung und Erhabenheit, die der Anlage eingeschrieben ist. Die Größe von Durrington Walls erschließt sich beim Umschreiten des Walles. Woodhenge offenbart seine Strenge, wenn man die Pfostenkreise im eigenen Schrittmaß abmisst. Am Ufer des Avon spürt man den Wechsel der Zonen, sobald

die Luft feuchter wird und die Geräusche gedämpfter klingen. Ob in heller Sommersonne oder unter winterlichem Himmel, die Choreografie funktioniert. Sie ordnet das Gehen, das Sehen, das Innehalten.
Die Deutung von Stonehenge als Landschaftskomplex hat Folgen für das Verständnis der Funktionen des Monuments. Der Steinkreis ist nicht allein ein Kalender oder ein Altar, nicht allein ein Ort der Erinnerung oder der astronomischen Beobachtung. Er ist der Knoten, an dem sich Wege, Sichtlinien, Materialien, soziale Praktiken und Himmelsereignisse schneiden. Er gewinnt Bedeutung aus der Nähe zu Durrington Walls, aus der Nachbarschaft zu Woodhenge, aus der Verbindung zum Avon, aus der Flucht der Avenue, aus der Parallelität und dem Kontrast zum Cursus und aus der Umkränzung durch Barrowfelder. Das Ganze wirkt nur als Ganzes. Einzelne Befunde ergänzen sich zu einer Architektur, die den Raum ebenso ernst nimmt wie die Baukörper, die Zeit ebenso ernst nimmt wie den Moment. Am Ende bleibt der Eindruck einer Landschaft, die bewusst gestaltet wurde, ohne die Natur zu leugnen. Die flachen Wälle folgen Konturen, die die Erosion vorgezeichnet hat. Die Kreise stehen, wo der Horizont weit ist und der Himmel groß. Der Fluss wird nicht gezähmt, sondern als Achse der Bewegung aufgenommen. Holz und Stein treten nicht in Konkurrenz, sondern in Dialog. Der Komplex um Stonehenge ist deshalb mehr als die Summe seiner Monumente. Er ist ein System, das Menschen durch den Raum führt, ihnen Orte des Handelns und des Gedenkens

zuweist und sie zugleich in den großen Zyklus aus Jahreszeiten und Generationen einbindet. In dieser Perspektive erweist sich Stonehenge als Zentrum, das nicht durch Mauern und Türme dominiert, sondern durch Linien, Kanten und Übergänge. Es bindet die Wessex-Landschaft zu einem Kultursystem, das über Jahrhunderte tragfähig war und dessen Ordnung noch heute erfahrbar ist.

Datierungsmethoden und archäologische Chronologie

Die zeitliche Einordnung von Stonehenge ist eine sorgsame Zusammensetzung aus Datenpunkten, Regeln und Wahrscheinlichkeiten. Nichts an diesem Monument ist zufällig, doch wenig ist unmittelbar datierbar. Kreide, Sarsen und Dolerit enthalten keinen Kohlenstoff, Holz ist selten erhalten, und viele Gruben wurden im Laufe der Jahrtausende umgearbeitet. Die Chronologie entsteht daher aus einem Ensemble von Methoden. Radiokarbonmessungen liefern Ankerpunkte aus verbrannten Knochen, Holzkohlen und Geweihwerkzeugen. Lumineszenzdatierungen erfassen den Zeitpunkt, an dem Sedimente zuletzt dem Licht ausgesetzt waren. Stratigrafische Beobachtungen verbinden diese Messwerte zu Abläufen. Bayessche Modellierung fügt relative Reihenfolgen mit naturwissenschaftlichen Daten zusammen und erzeugt enge Glaubwürdigkeitsintervalle. So entsteht ein Phasenplan, der die Geschichte dieses Ortes vom frühen dritten Jahrtausend vor Christus bis in die Frühbronzezeit beschreibt und laufend verfeinert wird.

Radiokarbon ist das Rückgrat vieler Datierungen. Gemessen wird der Zerfall des radioaktiven Kohlenstoffisotops in organischem Material. Für Stonehenge sind das vor allem menschliche Brandbestattungen, Holzkohlen aus Grubenfüllungen und Rotwildgeweihe, mit denen man Graben und Steinsetzungen ausgehoben hat. Jede Radiokarbonzahl ist zunächst eine unkalibrierte Altersschätzung in Radiokarbonjahren. Erst mit

Kalibrierkurven wird daraus ein Kalenderalter. Diese Kalibrierung berücksichtigt Schwankungen des atmosphärischen Kohlenstoffgehalts im Laufe der Zeit. Für die frühe und mittlere Zeit des dritten Jahrtausends vor Christus ist die Kurve nicht überall gleich steil. In flachen Abschnitten führt das zu breiteren Spannweiten. Daher sind Kontext, Materialauswahl und statistische Einbindung entscheidend, um aus einzelnen Zahlen belastbare Ereigniszeiten abzuleiten.

Bei Stonehenge fällt Radiokarbon vor allem durch die Datierung von Brandknochen ins Gewicht. Lange galt cremierter Knochen als schwierig, doch verbrennter Knochen enthält stabilen karbonatischen Kohlenstoff in der Knochenmatrix. Mit sorgfältiger Vorbehandlung lässt er sich messen und liefert oftmals bessere Kontexte als verstreute Holzkohle. Denn Holzkohle kann aus älterem Holz stammen, das bereits Jahrzehnte vor seiner Nutzung gewachsen ist. Der sogenannte Alt-Holz-Effekt verschiebt dann das scheinbare Alter. Cremationen dagegen markieren ein Ereignis im Leben eines Menschen und damit auch einen konkreten Zeitpunkt. Diese Eigenschaft macht die zahlreichen Bestattungen im Umfeld der Aubrey-Löcher zu Schlüsseln für die frühe Nutzung des Platzes.

Die Lumineszenzdatierung ergänzt die Radiokarbonmethode, wo keine organischen Reste vorhanden sind. Bei der optisch stimulierten Lumineszenz, häufig als OSL bezeichnet, wird die in Quarzen und Feldspäten gespeicherte Strahlungsenergie gemessen, die sich seit der letzten

Belichtung durch Sonnenlicht angesammelt hat. Wurde ein Sediment beim Ausheben eines Grabens ans Licht gebracht und danach wieder verfüllt, beginnt die Uhr beim Zuschütten neu zu laufen. In den kreidereichen Schichten der Salisbury Plain sind Quarz- und Siltkomponenten vorhanden, die sich für OSL eignen. Die Methode ist sensibel für die Frage, ob die Körner beim Einfüllen vollständig belichtet wurden. Unvollständige Belichtung führt zu älteren Werten. Moderne Protokolle prüfen dies über Messungen einzelner Körner und über statistische Modelle, die schlecht belichtete Fraktionen als Ausreißer behandeln. Für den Graben von Stonehenge und für die Avenue ergaben OSL-Daten Zeitfenster, die gut mit den Radiokarbondaten aus benachbarten Fundstellen korrespondieren und den Ausbau in die mittlere Phase des dritten Jahrtausends verorten.

Stratigrafie liefert die Sprache, in der diese naturwissenschaftlichen Zahlen erzählt werden. Jeder Schnitt durch Graben, Grube oder Setzloch zeigt Abfolgen: Aushub, Nutzung, Verfüllung, spätere Eingriffe. Entscheidend sind die Schnittkanten, die Überlagerungen, die Verteilung von Funden in den Schichten und die Beziehung mehrerer Gruben zueinander. Schon die frühen Ausgräber erkannten, dass der Kreisgraben in Segmenten ausgehoben wurde. Antler Picks, also Geweihhacken, lagen in den unteren Verfüllungen. Darüber folgten natürliche Einschlämme und später menschliche Eingriffe, unter anderem auch spätere Gräber. In Steinsetzungen sind Pfostensockel, Keilgruben, Keillöcher und Standspuren der Steinblöcke erkennbar. Diese

Spuren erlauben die Rekonstruktion von Richtungen, Neigungen und sogar Reihenfolgen, wenn Setzlöcher sich schneiden. So entsteht eine relative Chronologie, die sagt, welche Aktivität vor welcher lag. Radiokarbon- und Lumineszenzwerte werden dann gezielt den passenden Schichten zugewiesen.

Die Bayessche Modellierung führt beides zusammen. In einem Modell werden Datierungen als Wahrscheinlichkeitsverteilungen eingebracht und mit Informationen über Reihenfolgen oder Gleichzeitigkeit verknüpft. Ein Steinsetzungshorizont kann als Phase modelliert werden, in der mehrere Gruben ungefähr gleichzeitig genutzt wurden. Ein Graben lässt sich mit Beginn und Ende beschreiben. Ausreißer werden mit eigenen Parametern versehen, um den Einfluss auffälliger Messwerte zu begrenzen. Das Ergebnis sind Intervalle, in denen der Beginn und das Ende einer Phase mit definierter Wahrscheinlichkeit liegen. Für Stonehenge erlaubte diese Vorgehensweise, die weiten Radiokarbonbereiche zu straffen und sie in eine Abfolge zu bringen, die mit der stratigrafischen Beobachtung harmoniert. Zugleich macht das Modell transparent, wo Unsicherheiten groß bleiben, weil die Datenlage dünn ist oder die Kalibrierkurve keine große Trennschärfe bietet.

Ein Phasenplan für Stonehenge beginnt mit der Anlage des Henge. Zu Beginn des dritten Jahrtausends vor Christus entstand der Kreisgraben mit innenliegendem Wall. Antler Picks aus den unteren Verfüllungen liefern frühe

Radiokarbondaten. Die Aubrey-Löcher, ein Ring aus runden Gruben innerhalb des Walles, gehören in denselben Zeitrahmen. In diese Gruben wurden menschliche Brandbestattungen eingetragen. Die Radiokarbonmessungen der Knochen deuten an, dass die Bestattungen nicht nur ein kurzer Akt waren, sondern sich über Generationen zogen. Der Platz war also früh ein Ort des Umgangs mit den Toten. Einigen Interpretationen zufolge könnten die Gruben auch temporär Pfosten getragen haben. Für die Chronologie ist die Bestattungsfunktion wichtiger, denn sie liefert messbare organische Reste.

Das Auftauchen der Blausteine markiert einen weiteren Schritt. Diese kleineren Steine aus den Preseli Hills wurden zunächst wahrscheinlich in einem Kreis oder Oval gestellt, bevor die großen Sarsenmonumente entstanden. Hinweise darauf liefern die sogenannten Q- und R-Löcher, eine Serie von Setzgruben zwischen Hengewall und späterem Sarsenkreis. Ihre stratigrafische Lage zeigt, dass sie älter als die Sarsenstellungen sind. Radiokarbonmaterial aus ihren Verfüllungen ist spärlich und teils residual. In den Bayesmodellen wird deshalb stärker mit relativen Abfolgen gearbeitet. Zusammengenommen verdichten sich die Indizien auf eine Einführung der Blausteine in der mittleren Phase des dritten Jahrtausends vor Christus. Ob sie schon kurz nach der Hengeanlage oder erst näher an der Sarsenphase in größerer Zahl standen, ist weiterhin Gegenstand der Diskussion. Klar ist, dass die Blausteine später mehrfach umgestellt wurden.

Die Sarsen-Trilithen und der äußere Sarsenkreis bilden den architektonischen Höhepunkt. Ihre Errichtung wirkt aus einem Guss. Die sorgfältig behauenen Pfostensteine tragen passgenaue Decksteine. Zapfen und Pfannen verbinden die Elemente. Geochemische Untersuchungen zeigen eine starke Homogenität der Sarsen des Rings, was auf eine konzentrierte Beschaffungsaktion aus einer Quelle deutet. Das spricht gegen eine über viele Generationen gestreckte Bauweise. Stratigrafisch überlagern Sarsensetzlöcher ältere Blausteingruben. Wenige datierbare organische Reste in den Sarsengruben selbst führen dazu, dass die Zeitstellung indirekt über benachbarte Kontexte, über die Abfolge und über OSL-Befunde gestützt wird. Bayesmodelle bündeln diese Informationen und weisen die Sarsenphase in die Mitte des dritten Jahrtausends vor Christus. In diese Zeit fallen auch Durrington Walls und Woodhenge auf der anderen Seite des River Avon, deren Radiokarbondaten ein begleitendes Fest- und Arbeitsgeschehen nahelegen.
Nach der Aufstellung der Sarsen folgten Umstellungen der Blausteine. Sie wurden in eine ovale Form innerhalb des Sarsenkreises versetzt und schließlich zu einem Hufeisen konzentriert, das mit den großen Trilithen korrespondiert. Der Altarstein, ein grüner Sandstein, liegt heute flach im Zentrum. Seine Lage ist vermutlich das Ergebnis dieser Umbauten. Einzelne Radiokarbondaten aus Grubenverfüllungen, die diesen Umbauten zugeordnet werden, sowie die stratigrafische Beziehung zum Sarsenkreis deuten darauf, dass diese Umgestaltungen vor allem im späten

dritten Jahrtausend vor Christus stattfanden. Der Abschluss der großen Steinbauaktivitäten dürfte gegen Ende dieser Zeit erreicht gewesen sein. Danach dominieren kleinere Eingriffe, Nachbestattungen und spätere Störungen.

Die Avenue, die Stonehenge mit dem River Avon verbindet, gehört in die spätere Ausbauphase. OSL-Daten aus Sedimenten ihrer Einschnitte und Radiokarbondaten aus nahegelegenen Kontexten verweisen auf eine Entstehung in der zweiten Hälfte des dritten Jahrtausends vor Christus. Die Avenue folgt der Linie des Sonnenaufgangs zur Sommersonnenwende und bildet eine Prozessionsachse, die dem Monument eine Öffnung in die Landschaft gibt. Ihre Datierung fügt sich damit stimmig in das Bild einer Architektur, die nach der Schaffung des Sarsenensembles durch choreografierte Wege und Sichtachsen ergänzt wurde.

Kalibrierkurven sind für jede Interpretation zentral. Die aktuell verwendeten Kurven der nördlichen Hemisphäre beruhen auf Dendrochronologie, Eisbohrkernen und weiteren Archiven. Für die Zeit um die Entstehung von Stonehenge zeigen sich Abschnitte mit geringer Steigung, die sogenannte Plateaus bilden. Messwerte, die auf diesen Abschnitten liegen, lassen sich über Jahrzehnte hinweg kaum unterscheiden. Deshalb sind Reihenfolgen, stratigrafische Bezüge und die Zusammenfassung mehrerer Datierungen in Phasen so wichtig. Wo die Kurve steiler verläuft, bringt schon eine Verschiebung um wenige Radiokarbonjahre große Unterschiede im Kalenderalter. Bayessche Modelle nutzen diese Geometrie und verteilen die Wahrscheinlichkeiten

entsprechend. Das Ergebnis sind Intervalle, die ehrlich die Unsicherheit abbilden und zugleich den bestmöglichen Informationsgewinn aus allen Quellen ziehen.
Unsicherheiten entstehen nicht nur aus der Kalibrierung. Proben können kontaminiert sein, etwa durch jüngeren Kohlenstoff, der in poröse Sedimente eindringt. Holzkohlen können residual sein, also aus älteren Schichten stammen und später in eine jüngere Verfüllung geraten. Cremationen können verlagert worden sein, wenn Gruben neu ausgegraben wurden. In den frühen Ausgrabungen wurden Füllungen gemischt und Dokumentationen sind lückenhaft. Moderne Auswerteverfahren versuchen das zu kompensieren, indem sie Probenqualitäten gewichten, Ausreißer statistisch behandeln und Kontexte streng prüfen. Datensätze werden transparent nach Materialtyp, stratigrafischer Sicherheit und analytischer Qualität gruppiert. So lässt sich der Einfluss einzelner Problemproben verringern, ohne den Datensatz zu verarmen.
Die Datierung der Aubrey-Löcher zeigt die Stärke dieser Vorgehensweise. Brandbestattungen aus mehreren Gruben ergeben ein Bündel von Radiokarbonwerten, das mit der Anlage des Henge korrespondiert und bis in die Zeit der großen Steinsetzungen reicht. Das Muster passt zu einem Ort, an dem die Asche mehrerer Generationen beigesetzt wurde. Der Ring selbst markiert damit den frühesten klar fassbaren Bestattungsplatz des Monumentes. Gleichzeitig bleibt die Frage offen, ob die Gruben jemals Steine oder Pfosten trugen. Für die Chronologie ist entscheidend, dass die

Belegungsdauer weit ist. Das erklärt, warum einzelne Daten in Bayesmodellen nicht als punktuelle Ereignisse interpretiert werden, sondern als Teil eines längeren Nutzungsfensters.
Für die Blausteine ergibt sich ein zweigeteiltes Bild. Ihre erste Einführung geht den Sarsen voraus. Die Q- und R-Löcher belegen diese ältere Stellung, selbst wenn organische Funde darin selten sind. Nach der Sarsenphase beginnt die zweite Geschichte der Blausteine mit Umsetzungen und Verdichtungen. Die Datierung beruht hier mehr auf relativen Beziehungen und auf der Einbindung in das Gesamtmodell als auf isolierten Messwerten. Dennoch zeigt sich eine plausible Sequenz, die von einem frühen Blausteinkreis über ein inneres Oval zu dem bekannten Hufeisen führt. Damit wird verständlich, warum die Blausteine in so unterschiedlicher Form in den Gruben stecken: Manche Gruben gehörten zur ersten Stellung, andere zu späteren Versetzungen.
Die Sarsen-Trilithen ragen als dichtes Ereignisfenster heraus. Die Gleichförmigkeit der Bearbeitung und die Einheitlichkeit des Materials sprechen für eine kurze, logistisch gut organisierte Bauphase. Radiokarbondaten aus begleitenden Kontexten und aus den Siedlungen bei Durrington Walls, wo Festmahlreste, Tierknochen und Feuerstellen in großer Zahl datiert wurden, stützen die zeitliche Einordnung. Die Kombination ergibt das Bild eines regionalen Kraftaktes. Das Monument erhielt in dieser Phase seine ikonische Form mit Ring und Hufeisen. Danach nimmt die Bautätigkeit ab und verlagert sich auf Umsetzungen und Ergänzungen, die dem

Ort neue Bedeutungsschichten gaben, ohne die Grundform zu verändern.

Ein weiteres Feld ist die Feindetektion von Zeitmarken durch Mikromorphologie und Geoarchäologie. Dünnschliffe aus Grubenfüllungen zeigen, ob Sedimente in Ruhe ablagerten oder rasch eingebracht wurden. Aschelagen, Trampelhorizonte und Erosionsmerkmale lassen sich unterscheiden. In Verbindung mit OSL können so Setz- und Verfüllprozesse genauer charakterisiert werden. Das hilft, Modellannahmen zu schärfen. Wenn eine Füllung als schnell eingebracht erkannt wird, darf man die Radiokarbondaten aus dieser Schicht enger mit dem Setzereignis verknüpfen. Handelt es sich dagegen um lange offene Gruben, sind größere Zeitfenster zu erwarten.

Auch jenseits des Monumentkerns kamen neue naturwissenschaftliche Befunde hinzu, die die Chronologie indirekt stabilisieren. Strontiumisotope in verbrannten menschlichen Knochen aus Stonehenge zeigen zum Teil Herkunftssignaturen, die mit den Gebirgen in Westwales kompatibel sind. Das untermauert die Vorstellung, dass Menschen und Ideen über weite Strecken in Bewegung waren, als die Blausteine auftauchten. Geochemische Fingerabdrücke der Sarsen weisen stark auf ein eng begrenztes Beschaffungsgebiet. Beides passt zu der Beobachtung, dass die Steinschübe in konzentrierten Phasen erfolgten. Dadurch lassen sich die Modellphasen sinnvoll eingrenzen, auch wenn nicht jeder Setzpunkt ein eigenes Datum liefert.

Immer wieder wird gefragt, ob astronomische Ausrichtungen zur Datierung beitragen. Die Antwort ist vorsichtig. Die Ausrichtung auf die Sonnenwenden ist ein Planungselement und sehr konstant. Sie sagt wenig darüber, ob eine Achse im Jahr dreitausend oder zweitausendfünfhundert vor Christus festgelegt wurde. Hilfreich kann sie sein, um den funktionalen Zusammenhang von Avenue und Monument zu verstehen. Für die Datierung bleibt sie ein Kontext, kein Messwert. Die Chronologie muss daher auf naturwissenschaftlichen Verfahren und stratigrafischen Beziehungen fußen.

In der Summe ergibt sich ein konsistenter Ablauf. Die Anlage des Henge und die Nutzung der Aubrey-Löcher fallen in den Beginn des dritten Jahrtausends vor Christus. Die Einführung der Blausteine und frühe Holzkonstruktionen schließen zeitlich an. In der Mitte des dritten Jahrtausends vor Christus folgen Sarsenring und Trilithonhufeisen als kompaktes Bauereignis. Danach werden die Blausteine neu geordnet, und die Avenue verbindet das Monument mit dem River Avon. Gegen Ende des dritten Jahrtausends vor Christus klingt die Bautätigkeit ab. Das Monument bleibt jedoch ein Bezugspunkt und wird noch lange aufgesucht. Fremde Eingriffe, etwa Bestattungen der Frühbronzezeit, kleinere Gruben und spätere Störungen, setzen sich fort. Diese Grobsequenz ist belastbar, die Feinjustierung einzelner Jahrzehnte hängt an den Modellen und an künftigen Messreihen.

Kalibrierkurven werden regelmäßig aktualisiert. Jede neue Kurve kann kleine Verschiebungen erzeugen, manchmal werden Spannweiten schmaler, manchmal breiter. Deshalb sind berichtete Daten nie endgültig. Die Stärke des heutigen Vorgehens liegt in der Transparenz. Datenbanken dokumentieren, welche Proben in welche Modelle eingeflossen sind. Änderungen lassen sich nachvollziehen. Mit jeder neuen Kurve, mit jeder verbesserten Vorbehandlung von Proben und mit jeder stratigrafisch gut belegten Grabung werden die Phasenmodelle stabiler. Gleichzeitig bleiben Unsicherheiten Teil der Wahrheit. Wer Stonehenge datiert, liefert keine absoluten Zahlen, sondern Wahrscheinlichkeiten mit klar ausgewiesener Spannweite.

In den letzten Jahren wurden zudem kombinierte Ansätze erprobt. So lassen sich serielle Datensätze aus eng beieinander liegenden Kontexten mit Wiggle-Matching an die Kalibrierkurve anschmiegen. Wo mehrjährige Reihen verfügbar sind, entstehen engere Altersspannen. Auch bei cremierter Knochenmatrix gibt es Fortschritte in der Isolierung geeigneter Fraktionen. Solche technischen Entwicklungen werden insbesondere die frühe Phase weiter schärfen, in der viele Kontexte bislang nur breit datierbar sind. Für OSL zeichnen sich Verbesserungen in der Einzelkornmessung ab, die unvollständig belichtete Anteile zuverlässiger ausschließen. Kombiniert mit Mikromorphologie wächst damit das Vertrauen in Datierungen von Grabenabschnitten und Wegen.

Die Chronologie von Stonehenge ist damit kein starres Gerüst, sondern ein atmendes Modell. Es verbindet Messwerte, Schichtbeobachtungen und sinnvolle Annahmen zu einer Erzählung, die überprüfbar bleibt. Der Blick auf die Unsicherheiten ist Teil dieser Erzählung. Wo Plateauabschnitte der Kalibrierkurve weite Bereiche öffnen, hilft die Stratigrafie beim Einhegen. Wo Proben rar sind, fängt die Bayessche Modellierung Ausreißer ab und bewahrt vor vorschnellen Schlüssen. Wo naturwissenschaftliche Befunde aus der Umgebung neue Bezüge schaffen, wird das Netzwerk dichter. So lässt sich Stonehenge heute in Zeit und Abfolge verorten, ohne den Anspruch auf endgültige Präzision zu erheben.

Am Ende steht ein doppelter Gewinn. Die Datierung ordnet die baulichen Schritte und macht die innere Logik des Monuments sichtbar. Zugleich zeigt sie die Dynamik einer Gesellschaft, die über Jahrhunderte hinweg Energie, Organisation und Sinn in einen Ort gelegt hat. Die Phasen des Baus und der Umbauten sind keine zufälligen Pegelmarken, sondern Ausdruck von Entscheidungen, Festen, Erinnerungen und Neuerfindungen. Je besser die Datierungsmethoden werden, desto feiner lässt sich diese Dynamik erkennen. Die große Linie aber bleibt deutlich. Ein Henge mit frühem Bestattungsplatz. Ein Auftritt der Blausteine. Ein konzentrierter Höhepunkt mit Sarsenring und Trilithonhufeisen. Eine choreografierte Landschaft, gebunden an die Sonne und an den Fluss. Ein Monument, das seine Zeit festhält, gerade weil es sich verändert hat.

Schriftquellen, Überlieferung und Denkmalverwaltung

Stonehenge verdankt seine einzigartige Wirkung nicht nur Stein und Landschaft, sondern auch der Stille der Quellen. Aus der Zeit seiner Errichtung existiert keine Schrift, die Auskunft darüber gäbe, wer das Monument gebaut hat, warum es in genau dieser Form entstand und wie es im Alltag genutzt wurde. Diese Leerstelle prägt jede Deutung. Was an Fakten vorliegt, stammt aus Erde, Stein, Knochen, Keramik und Werkzeugen. Die Menschen, die Stonehenge errichteten, lebten in einer mündlichen Kultur und trugen Wissen über Generationen hinweg durch Erzählungen, Rituale und performative Handlungen weiter. Monumente wie Henge, Grabhügel und Prozessionswege fungierten als Gedächtnisspeicher. Orte, Linien und Ausrichtungen schufen eine verbindliche Ordnung, die die Gemeinschaft lesen konnte. Aus dieser Perspektive ist Stonehenge selbst eine Quelle, ein Text aus Sarsen und Blaustein, dessen Kapitel nicht geschrieben, sondern gesetzt wurden. Der Mangel an zeitgenössischer Schrift zwingt Forschung und Verwaltung bis heute dazu, akribisch mit materiellen Spuren, späteren Überlieferungen und sekundären Zeugnissen zu arbeiten und beides auseinanderzuhalten. Die Spannung zwischen erzählter Vergangenheit und archäologischer Evidenz bildet den Hintergrund für alles, was über den Ursprung und die spätere Wahrnehmung des Monuments gesagt werden kann. Mündliche Tradition bedeutet nicht Beliebigkeit. Sie operiert mit Regeln, Fixpunkten und Wiederholungen, die Inhalte verlässlich durch die Zeit tragen. In der Vorgeschichte Britanniens verband sie Erinnerungen an Ahnen, Orte der Bestattung und zyklische Feste mit dem Wechsel der Jahreszeiten. Die Gemeinschaft aktualisierte Geschichte im Tun und übertrug sie nicht an Schrift und Tinte. Stein- und Holzkreise, Prozessionswege und markante Geländekanten wurden zu Bühnen, auf denen Erinnerung sichtbar und hörbar wurde. In einer solchen Kultur ist ein Monument wie Stonehenge nicht nur Kulisse, sondern selbst Akteur. Aus der wiederholten Nutzung formt sich eine Auslegungstradition, die in Linien der Bewegung, in Blickachsen zum Sonnenaufgang und in der Anordnung der Steine steckt. Als schriftlose Hinterlassenschaft fordert Stonehenge die Nachwelt heraus, diese Ordnung zu entschlüsseln, ohne aus späteren Zeiten und Interessen Deutungen aufzupfropfen. Wo Worte fehlen, gewinnen Klänge, Lichter und Wege Bedeutung. Das erklärt, warum die solstitiale Ausrichtung bis heute eine so große Wirkung entfaltet und warum in der Wahrnehmung vieler Besucher das Erleben eines Sonnenauf- oder -untergangs am Monument als eine Art Dialog mit der Vergangenheit empfunden wird.

Die mittelalterliche Überlieferung füllt die schriftlose Frühzeit mit Motiven der eigenen Epoche. Im zwölfte Jahrhundert tritt Geoffrey of Monmouth mit einer Erzählung hervor, die Stonehenge in ein Netz aus Königen, Wundern und fremden Ländern einbindet. Er berichtet von Steinen aus Irland, von der Kunst eines Zauberers und von der Errichtung als Memorial für gefallene Adlige. Diese

Geschichte ist keine historische Chronik im modernen Sinn, sondern höfische Literatur, geschaffen, um Legitimität zu stiften und lineare Genealogien zu untermauern. Gleichwohl prägte sie das Bild des Monuments über Jahrhunderte. Der Name Merlin heftete sich an die Steine, und der Gedanke an eine fern herbeigeschaffte Kostbarkeit verstärkte das Staunen an diesem Ort. Für die Forschung hat diese Überlieferung einen doppelten Wert. Sie ist ein Dokument dafür, wie das Mittelalter Monumente der Vorzeit in die eigene Sinnwelt integrierte. Zugleich zeigt sie, wie attraktiv Erklärungen sind, die das Rätselhafte mit großen Gesten auflösen. Die Legende hat ihre Wirkung nicht verloren. In Führungen, in populären Darstellungen und in der Popkultur ist sie ein immer wiederkehrendes Motiv. Verwaltung und Vermittlung am Ort reagieren darauf, indem sie zwischen Mythos und gesicherten Befunden klar unterscheiden, ohne den Reiz der Erzählung wegzunehmen.

Aus dem späten Mittelalter und der frühen Neuzeit sind Reiseberichte und Beschreibungen überliefert, die Stonehenge als Kuriosität eines alten Landes sehen. Auswärtige und Einheimische vermerken Größe, Rätselhaftigkeit und Anordnung. Nicht selten überlagern moralische und religiöse Deutungen den Blick. Die Steine erscheinen als heidnisches Relikt, als Werk von Riesen oder als Mahnung. Mit dem Aufkommen der antiquarischen Forschung wandelt sich der Zugriff. Inigo Jones wies Stonehenge in der Mitte des siebzehnten Jahrhunderts den Römern zu und interpretierte das Monument als Werk klassischer Baukunst. Der Blick war geleitet von der Bildungstradition seiner Zeit und der Wertschätzung antiker Normen. Kurz darauf treten John Aubrey und William Stukeley hervor, die die Anlage sorgfältig begehen, vermessen und zeichnen. Aubrey beobachtet den Graben und markiert Punkte im Innenraum, die später als Aubrey-Löcher in die Fachsprache eingehen. Stukeley verfeinert Pläne, sieht Linien in die Landschaft hinauslaufen und deutet Stonehenge als Kultstätte der Druiden. Seine Vorstellung eines serpentinenförmigen Gesamtplans mit Avenue und Blickachsen verband sorgfältige Beobachtung mit symbolischem Zugriff. Die Druidendeutung dominierte die Betrachtung weit bis ins neunzehnte Jahrhundert hinein und schuf ein starkes Bild, das romantische Landschaftsmalerei und nationale Identität berührte.

Die frühe Vermessungsgeschichte ist mehr als eine Anekdote aus der Vorgeschichte der Archäologie. Sie legte Grundlagen, ohne die heutige Forschung weniger präzise wäre. Die systematische Nummerierung der Steine durch Flinders Petrie im späten neunzehnten Jahrhundert schafft eine Ordnung, die sich bis heute bewährt. Sie macht Beobachtungen vergleichbar und ermöglicht es, Befunde aus unterschiedlichen Zeiten miteinander zu verknüpfen. Zugleich zeigen die antiquarischen Pläne die Schwierigkeiten des Feldes. Kleinere Abweichungen in der Darstellung, Ungenauigkeiten bei Distanzen und Winkelabweichungen verdeutlichen, wie anspruchsvoll präzise Vermessung im freien Gelände ist. Mit der Einführung der

Landesvermessung und der Ordnance Survey tritt ein neuer Standard ein. Kartenwerke fixieren Stonehenge als Vermessungspunkt in einem Netz, das Landschaft in Koordinaten überführt. Später ergänzen Luftbildarchäologie, geophysikalische Prospektion und Laserscans die Messgeschichte. Die Summe dieser Bemühungen schafft eine vielschichtige Dokumentation, in der alte Zeichnungen, frühe Fotografien, metrische Pläne und digitale Modelle nebeneinanderstehen. Jede Schicht erzählt etwas anderes über Blick, Absicht und Technik ihrer Zeit und erlaubt, Veränderungen des Monuments im Detail nachzuvollziehen. Die frühe Ausgrabungsgeschichte am Monument hinterließ zugleich einen Schatten, der die Denkmalverwaltung bis heute beschäftigt. William Hawley legte zwischen den Jahren nach dem Ersten Weltkrieg große Bereiche von Graben und Innenraum frei, dokumentierte Profile, schnitt die Aubrey-Löcher an und sammelte Funde. Richard Atkinson setzte in der Mitte des zwanzigsten Jahrhunderts an und untersuchte Zugänge, Steinsetzungen und Feuerstellen. Beide trugen wesentlich dazu bei, die Chronologie von Graben, Aubrey-Löchern, Blausteinen und Sarsen-Trilithen zu entwirren. Doch die Dokumentation erfolgt nach den Maßstäben ihrer Zeit. Notizen sind unvollständig, Fundlagen nur teilweise verzeichnet, Koordinaten fehlen. Steine wurden aufgerichtet, gesichert und neu gesetzt, ohne dass jede Maßnahme mit der Genauigkeit heutiger Standards verzeichnet wurde. Aus archäologischer Sicht sind diese Lücken teuer, denn jede später nicht nachvollziehbare Bewegung im Boden löscht

Information. Die Denkmalverwaltung muss mit dieser ererbten Ambivalenz leben. Sie bewahrt ein Monument, das trotz seiner Massivität durch menschliche Eingriffe geformt und stabilisiert wurde, und sie verwaltet Archive, die große Schätze enthalten und dennoch Brüche aufweisen.

Heute liegt die Verantwortung für den Ort auf mehreren Schultern. English Heritage betreut das Monument, kümmert sich um Zugang, Besucherinfrastruktur, konservatorische Fragen und Vermittlung. Der National Trust besitzt große Teile der umgebenden Landschaft, schützt Weideflächen, Sichtachsen und die archäologische Substanz des Geländes. Beide arbeiten im Rahmen eines Managementplans, der die Anforderungen des Welterbestatus, die Interessen von Besuchern, die Anliegen von Forschung und die Belastbarkeit des Ortes miteinander verknüpft. Das Besucherzentrum vermittelt Funde, Ergebnisse und Narrative, ohne der Versuchung zu erliegen, Rätsel vorschnell aufzulösen. Shuttlebusse und Wegeführung entlasten das Gelände. Ein Schutzperimeter und eine sensible Gestaltung der Einblicke in den Steinkreis regulieren Bewegungen und bewahren das Erleben der offenen Horizonte der Salisbury Plain. Die Zugangsregelungen balancieren tägliche Öffnungszeiten mit besonderen Terminen. Zur Sommersonnenwende und zur Wintersonnenwende sind große Menschenmengen vor Ort. Sicherheitskonzepte, Absprachen mit lokalen Gemeinschaften und eine vorausschauende Kommunikation sorgen dafür, dass das Ritualerleben mit dem Schutz des Monuments vereinbar bleibt. Verwaltung ist an einem Ort

wie Stonehenge immer auch Moderation.
Konservatorische Maßnahmen werden dokumentiert, geprüft und im Zweifel zurückhaltend durchgeführt. Die Sarsenblöcke tragen die Spuren von Hebungen, Stützmaßnahmen und Verklotzungen. Wo Standfestigkeit gefährdet war, wurde eingegriffen, um Bruch zu vermeiden. Mörtel, Stützen und Füllungen sind konservatorisch sensibel gewählt, zugleich aber so, dass spätere Generationen erkennen, was neu ist und was alt. Das Ziel ist, die Lesbarkeit des Monuments zu sichern und dabei so viel originale Substanz wie möglich zu bewahren. Die Verwaltung kommuniziert offen darüber, dass Stonehenge keine unberührte Zeitkapsel ist. Dieser ehrliche Umgang ist Teil der Vermittlungsethik. Er verhindert Illusionen und stärkt das Vertrauen in die Pflegeentscheidungen, die hier getroffen werden müssen. Jede Maßnahme ist eine Abwägung zwischen Schutz, Authentizität und Sicherheit. Es ist eine Form von Verantwortung, die keine spektakulären Bilder braucht, sondern Sorgfalt, Fachlichkeit und Geduld.
Die Archive des Ortes reichen von antiquarischen Skizzenbüchern bis zu digitalen Punktwolken. Zeichnungen von Stukeley, handkolorierte Pläne, frühe Barytabzüge und Glasplattennegative ruhen heute in Sammlungen, die regional und national verteilt sind. Museumsdepots in Salisbury und Devizes, das Archiv von English Heritage, Universitätsbibliotheken und lokale Record Offices bewahren Feldtagebücher, Korrespondenzen, Grabungspläne und Fotoalben. In jüngerer Zeit kommen

digitale Archive hinzu, in denen Messdaten, geophysikalische Raster, Orthofotos und dreidimensionale Modelle hinterlegt sind. Diese Vielfalt ist ein Schatz, aber auch eine Herausforderung. Metadaten müssen gepflegt, Zugänge geregelt und Bestände digital so verknüpft werden, dass Forschung und Verwaltung effizient darauf zugreifen können. Für die Denkmalpflege sind verlässliche Archive keine Nebensache. Sie sichern Nachvollziehbarkeit, ermöglichen Vergleiche über Jahrzehnte und stützen Entscheidungen in Genehmigungsverfahren. Der Blick in die Akten kann klären, ob ein Stein stand, wackelte oder bereits gestützt war. Er kann zeigen, ob an einer Stelle schon gegraben wurde, wie tief Schnitte reichten und wo Proben entnommen wurden.

Gleichwohl gibt es Dokumentationslücken, die sich nicht schließen lassen. Unregistrierte Eingriffe des neunzehnten Jahrhunderts, das Aufheben von Funden ohne genaue Fundlage, der Verlust einzelner Notizbücher, Witterungsschäden an frühen Fotografien und unklare Provenienzen von Proben stellen den Wissensstand vor dauerhafte Fragezeichen. Manchmal liegen Funde in Museumssammlungen mit alten Etiketten, die nur Stonehenge nennen, aber keinen Schnitt, keine Schicht, kein Feldbuch verweisen. Solche Bestände lassen sich oft nur bedingt in die neuere Chronologie einordnen. Moderne Projekte versuchen, diese Schwächen zu kompensieren. Sie arbeiten mit strengen Standards, präzisen Koordinaten, verlässlichen Probenketten und offenen Daten. Grauberichte werden digital zugänglich gemacht. Doch die Vergangenheit der Forschung bleibt Teil der Gegenwart des Ortes. Verwaltung und Wissenschaft akzeptieren diese Brüche und machen sie transparent. Das ist auch eine Frage der Ethik gegenüber der Öffentlichkeit, die zu Recht wissen will, worauf Aussagen beruhen und wo die Grenzen der Deutung liegen.

Besondere Sorgfalt gilt dem Umgang mit menschlichen Überresten. Stonehenge ist nicht nur ein Ort großer Steine, sondern auch ein Ort der Toten. In Gräben, Gruben und vor allem in den Aubrey-Löchern wurden verbrannte Knochen aus spätneolithischer Zeit gefunden. Die Analyse dieser Reste liefert Hinweise auf Alter, Geschlecht, Gesundheit, Herkunft und Bestattungspraktiken. Wer solche Spuren liest, liest in einem Feld, das zugleich wissenschaftlich sensibel und ethisch anspruchsvoll ist. Ausgrabung, Untersuchung, Lagerung und mögliche Wiederbeisetzung müssen rechtlich und moralisch begründet sein. Museen und Verwaltungen arbeiten mit Leitlinien, die Würde und wissenschaftlichen Erkenntnisgewinn in ein verantwortbares Verhältnis setzen. Anforderungen an klimatische Bedingungen, an die sichere Verpackung, an die Zugänglichkeit für Forschende und an die Probenentnahme sind festgelegt. Wo Nachfahren im rechtlichen Sinn nicht benennbar sind, bleibt die Verpflichtung zu Respekt und Schonung dennoch bestehen. In der Öffentlichkeit werden Wünsche nach Rückführung und Wiederbeisetzung geäußert. Zwischen dem Interesse an fortgesetzter Forschung und dem Anliegen, die Toten ruhen zu lassen, verläuft eine Linie, die im Einzelfall abgewogen werden muss. Transparenzerklärungen, befristete Leihgaben, die Beschränkung der Probenentnahme auf das wissenschaftlich Notwendige und die Dokumentation aller Schritte gehören in dieses Spannungsfeld.

Forschung und Verwaltung stimmen sich eng ab, wenn Projekte neue Eingriffe in den Boden erfordern. Als Scheduled Monument unterliegt Stonehenge einem Genehmigungsregime, das die Unversehrtheit des Bodens schützt. Jede Sondage, jede Entnahme und jede geophysikalische Maßnahme wird geplant, begründet und dokumentiert. Monitoring und kleinräumige Aufsicht sorgen dafür, dass Eingriffe minimal bleiben. Digitale Verfahren haben den Vorteil, dass sie zerstörungsfrei arbeiten und dennoch neue Informationen liefern. So entsteht ein Arbeitsmodus, in dem die Zahl der Schnitte sinkt, während die Informationsdichte steigt. Verwaltung heißt in diesem Zusammenhang nicht nur Erlauben oder Verbieten, sondern auch das Fördern guter Methoden und das Sichern hoher Standards. In überregionalen Netzwerken werden Erfahrungen geteilt und Standards fortentwickelt. Das Monument ist Teil eines größeren Wissensraums, in dem Orkney, Avebury und andere Plätze eine Rolle spielen. Gemeinsame Richtlinien erleichtern die Vergleichbarkeit von Befunden.

Die Vermittlung am Ort greift die Geschichte der Schriftquellen und der Deutungen auf, um ein aufgeklärtes Bild zu zeichnen. Besuchertexte und Ausstellungen machen deutlich, wann ein Motiv aus der mittelalterlichen Legende stammt und wann eine Aussage aus Messdaten und stratigrafischen Beobachtungen abgeleitet ist. Zeichnungen von Stukeley stehen neben Laserscans, ein Feldbuchblatt neben einer stereoskopischen Luftaufnahme. So wird nicht nur das Monument sichtbar, sondern auch sein Beobachtungsraum. Dieser doppelte Blick schärft das Urteilsvermögen und macht aus Besuchern Partner in der Unterscheidung von gesicherten Kenntnissen und reizvollen Erzählungen. Die Verwaltung nutzt diese Chance, um den Ort gegen Überdeutung zu schützen. Wer versteht, wie sehr die Druidenerzählung eine Schöpfung des achtzehnten Jahrhunderts ist, verliert nichts vom Zauber der Steine, sondern gewinnt eine zweite Ebene der Betrachtung.

Trotz aller Professionalität bleiben Verwaltung und Überlieferung Menschenwerk. Sie sind gebunden an Budgets, an technische Möglichkeiten, an Wetter, an politische Entscheidungen und an gesellschaftliche Debatten. Wenn eine Trasse geplant wird, wenn Zugangswege neu geordnet werden oder wenn Fragen der Verkehrsführung und der Sichtbarkeit diskutiert werden, dann verhandeln viele Akteure ihre Interessen. Die Denkmalverwaltung muss in solchen Situationen das Wohl des Ortes beharrlich vertreten und zugleich Anschluss an Öffentlichkeit und Politik halten. Der National Trust bringt Landschaftsschutz und Naturschutz ein, English Heritage die konservatorische Kompetenz und die Erfahrung im Besuchermanagement. Lokale Gemeinden, Landwirte, Forschungsteams und Tourismuswirtschaft haben

legitime Anliegen. In dieser Gegenwart spielt die Vergangenheit eine Rolle, die nicht nur romantisch ist. Wer Stonehenge verwaltet, verwaltet auch Erwartungen, Hoffnungen und Projektionen.
Die Summe aus fehlender zeitgenössischer Schrift, mittelalterlichen Deutungen, antiquarischen Plänen, moderner Messgeschichte, institutioneller Verantwortung, Archiven mit Lücken und einem sensiblen Umgang mit menschlichen Überresten ergibt ein komplexes Bild. Es zeigt ein Monument, das nicht allein in Steinen, sondern in Texten über Steine existiert. Es zeigt eine Forschung, die aus Legenden Geschichte herauslöst, ohne die kulturelle Bedeutung der Legenden zu verachten. Es zeigt eine Verwaltung, die den Ort in seiner Verletzlichkeit ernst nimmt und seine Widerständigkeit respektiert. Stonehenge bleibt auch unter den Bedingungen moderner Dokumentation ein Ort mit Resten von Unschärfe. Diese Unschärfe ist kein Makel, sondern die ehrliche Folge eines langen Weges durch Zeiten sehr unterschiedlicher Wahrheitspraktiken. Gerade deshalb lohnt die fortgesetzte Sorgfalt in Plan, Archiv und Gelände. Jede vermessene Kante, jedes sauber etikettierte Fundstück, jedes digitale Modell mit klaren Metadaten und jede ruhig erklärte Texttafel sind Bausteine dieser Verantwortung. Wer sich auf sie einlässt, liest Stonehenge besser und verwahrt zugleich die Freiheit des Monuments, mehr zu bedeuten, als eine einzige Erzählung zu fassen vermag.

Teil II: Was wir vermuten

Verborgene Strukturen und neue Messungen

Über der offenen Weite der Salisbury Plain ragt der Steinkreis von Stonehenge wie ein Bühnenbild aus der Zeit. Doch das meiste, was diese Landschaft einmal prägte, liegt unsichtbar im Boden. Seit einigen Jahrzehnten haben neue Messverfahren fast lautlos eine zweite Ebene der Archäologie eröffnet. Auf Bildschirmen statt in tiefen Gräben, mit Datenwolken statt Schaufeln. Georadar GPR, Magnetik, LiDAR und andere Verfahren der großflächigen Prospektion erschließen Formen, Linien und Muster, die im Gras keine Spur hinterlassen. So entsteht ein immer dichteres Bild eines Ritual- und Wegenetzes, das nicht nur den Steinkreis, sondern die gesamte Ebene strukturiert.

LiDAR tastet aus der Luft die Oberfläche ab. Ein unsichtbarer Regen aus Laserpulsen fällt auf die Kreidehochfläche, wird zurückgeworfen und in Höhenwerte übersetzt. Selbst wenn Wiesen, Gestrüpp oder Ackerfurchen das Relief überdecken, lässt sich die eigentliche Form des Geländes herausrechnen. Das Ergebnis zeigt zarte Bänder, Wölbungen und Senken, die an Ort und Stelle kaum wahrnehmbar sind. Alte Gräben und Wälle des Henge-Systems zeichnen sich als Schatten ab. Ehemalige Feldraine, Ringwälle der Rundhügel, trapezförmige Terrassierungen und seichte Hohlwege werden wieder lesbar. Die Salisbury Plain wirkt in diesen Bildern wie ein Blatt Pergament, auf dem unzählige Hände über Jahrtausende geschrieben haben. Zwischen dem Cursus im Norden und dem River Avon im Osten erscheinen Linien, die sich zu Wegen fügen, und sanfte Kanten, an denen Sichtachsen entlanglaufen. LiDAR liefert die Bühne, auf der sich andere Verfahren anordnen lassen.

Magnetik zeigt, was unter der Bühne liegt. Magnetometer registrieren winzige Unterschiede im Magnetfeld des Bodens. Wo Gruben einst in den Kreidegrund gegraben und später mit dunklerem Material verfüllt wurden, bleibt ein Signal. Wo Pfosten standen und wieder herausgezogen wurden, bleiben Ringe aus Störungen. Wo Feuer brannte, veränderte die Hitze das Gefüge im Boden. Ein dichtes Raster aus Messlinien ergibt eine Karte, auf der Grubenfelder wie Sternbilder aufflammen. In Arealen nördlich des Cursus wurden Reihen aus runden und ovalen Anomalien sichtbar, die auf Pfostenringe hindeuten. Manche stehen in konzentrischen Gruppen, andere in linearen Abfolgen, als hätten Menschen die Landschaft mit Punkten markiert, die man auf Entfernung sehen und erinnern sollte. Entlang der Avenue zwischen Stonehenge und dem River Avon zeichnen sich dunkle Spuren ab, die wie eine Kette aus Trittstellen wirken. Sie könnten den langen Weg markieren, auf dem Prozessionen vom Fluss her auf den Steinkreis zugingen, oder den Rückweg in die Siedlungsräume bei Durrington Walls.

Georadar GPR ergänzt diese Bilder um Tiefe. Radarsignale werden in den Boden geschickt, prallen an Schichtgrenzen oder Strukturen ab und kehren nach oben zurück. Aus den Laufzeiten entstehen Schnittbilder, Schicht für Schicht,

Zeitfenster für Zeitfenster. So lassen sich vertikale Profile ebenso wie horizontale Scheiben erzeugen. Ein Pfostenloch mit kreisrundem Rand und einer stumpfen, unregelmäßigen Füllung sieht anders aus als ein Trichter, der durch das Umkippen eines Baumes entstand. Ein Graben mit klaren Böschungen, dessen unterste Schicht gleichmäßig feucht ist, zeigt ein anderes Muster als ein natürlicher Spalt in der Kreide. Die Kombination aus Magnetik und Radar erlaubt es, Wahrscheinlichkeiten zu formulieren. Ein einzelnes Signal bleibt zweideutig. Ein wiederkehrendes Muster in richtiger Tiefe und passender Lage erhält Gewicht.

Aus diesen Messungen ist ein dichtes Mosaik von Befunden entstanden. Grubenfelder ordnen sich zu Ketten entlang vermuteter Prozessionswege. Pfostenringe liegen an Kanten der Topografie, von denen aus man den Blick auf Stonehenge und den Horizont kontrollieren konnte. Zwischen Barrowfeldern westlich des Monuments treten leichte Senken zutage, die wie Haltepunkte am Rand eines Prozessionskorridors wirken. An mehreren Stellen östlich und südöstlich des Steinkreises erscheinen lineare Traces, die durch Tausende von Schritten zu schmalen Hohlwegen geworden sein können. Solche Wege-Traces sind heikel, denn sie entsprechen weniger einem gebauten Element als einer wiederholten Handlung. Sie bleiben trotzdem erkennbar, wenn die Landschaft weich genug ist, Spuren zu speichern, und wenn die Messnetze eng genug sind, diese Spuren zu fassen.

Die großflächige Prospektion verändert den Maßstab.

Einzelne Ausgrabungen zeigen tiefe, punktuelle Einsichten. Flächenhafte Messungen verbinden diese Punkte zu Netzen. Zwischen dem Cursus, den nördlichen Rundhügeln, Durrington Walls und dem Avon entsteht das Bild einer choreografierten Landschaft. Markierungen folgen nicht nur astronomischen Achsen, sondern auch den Kanten des Geländes. Die Achse der Sommersonnenwende, die am Heel Stone in Richtung Nordost öffnet, verknüpft sich mit natürlichen Rücken und seichten Mulden. Was wie ein isoliertes Monument erschien, rückt in einen Zusammenhang aus Ringen, Gruben, Wegen und Blicken.

Gleichzeitig stellen die Messungen Hypothesen in den Raum. Viele Areale sind nie oder nur in kleinen Schnitten ausgegraben worden. Anomalien, die verlockend aussehen, könnten natürliche Erscheinungen sein. In der Kreidelandschaft gibt es Lösungstrichter und Hohlformen, die als Gruben gelesen werden können. Alte Wurfschatten von Bäumen zeichnen runde Signaturen. Feuchte Horizonte im Untergrund verstärken Signale, die wie menschliche Eingriffe wirken. Daher wird in den Projekten mit mehrstufigen Prüfungen gearbeitet. Erst folgt die dichte Messung mit Magnetik oder Radar. Dann folgt, wo es möglich ist, eine Kreuzmessung mit einem anderen Verfahren. Am Ende können gezielte Testschnitte klären, ob sich die Interpretation trägt. Der Abstand zwischen Daten und Deutung wird so kontrolliert, aber niemals ganz aufgehoben. Ein Beispiel sind groß dimensionierte Grubenreihen, die in einer weiten Schleife nördlich von Durrington Walls erkannt wurden. In den Magnetdaten sahen sie wie eine Grenze aus. Manche deuteten auf markierende Schächte, in die Pfosten oder Steine gesetzt worden sein könnten. Andere hielten sie für eine Art sakrale Umfassung, die einen Raum definierte, der nicht betreten werden sollte. Später wurde vorgeschlagen, Teile der Reihe könnten natürliche Mulden sein, die in die Musterbildung der Magnetik geraten sind. Das Spannungsfeld ist typisch. Große Datenmengen verführen zu großen Bildern. Die Pflicht zur Prüfung bleibt. Dort, wo Testschnitte möglich waren, zeigten sich tatsächlich sehr tiefe Gruben mit klaren Rändern und Spuren von gezielter Aushebung. Zugleich fanden sich Abschnitte, in denen sich natürliche Senken eingeschlichen hatten. In der Summe blieb ein starker Hinweis auf eine bewusst gesetzte Linie, die nicht durchgehend gebaut war, sondern aus Punkten bestand, deren Abstand eine gedachte Grenze schuf.

Pfostenringe bilden einen zweiten Strang der Diskussion. Nördlich der Avenue, westlich des Flusses und an den Rändern des Cursus liegen Zonen, in denen Magnetik und Radar kreisförmige Anomalien anzeigen. Oft zeigen sich zwei oder drei konzentrische Kreise, manchmal nur ein einzelner Ring. Die Deutung schwankt zwischen Versammlungsplätzen, Einfassungen für Holzarchitekturen und Markierungen, die den Verlauf von Wegen begleiteten. Pfosten können Plattformen getragen haben, auf denen Objekte präsentiert oder Riten ausgeführt wurden. Sie können als temporäre Tore fungiert haben, durch die Prozessionen hindurchgingen. In einigen Fällen sprechen die

Tiefe und die Form der Anomalien dafür, dass die Pfosten wieder gezogen wurden. Dies passt zu einer Ritualökonomie, in der Holz vergänglich gedacht wurde. Der Akt des Setzens, Nutzens und Entfernens wäre dann integraler Teil der Praxis gewesen.

Wege-Traces fügen dem Bild Bewegung hinzu. Sie erscheinen als lineare Bänder mit subtiler Magnetisierung oder als sanfte Vertiefungen im LiDAR. In langen Zeiträumen können wiederholte Züge von Menschen, Tieren oder Schleifgeräten den Boden verändern. An der Avenue ist dies am deutlichsten, doch auch zwischen Durrington Walls, Woodhenge und dem Fluss lassen sich Korridore erkennen, die den Blick auf den Sonnenuntergang im Winter aufnehmen. Es entsteht die Vorstellung einer jahreszeitlichen Dramaturgie, bei der Menschen im Winter von Siedlungsplätzen am Fluss zu Orten aus Stein weiterzogen. Markierungen aus Gruben und Pfosten säumten den Weg. Fackeln hätten die Linien in die Nacht gezogen. Der Boden bewahrte den Abdruck dieser wiederkehrenden Bewegung.

Hypothesen zu nicht ausgegrabenen Arealen konzentrieren sich auf Knotenpunkte. Südlich von Stonehenge, jenseits der heute gesicherten Zone, häufen sich Anomalien, die wie Arbeits- und Sammelplätze aussehen. Dort könnten Steinbearbeitung, Vorbereitung von Holzgerüsten und das Zusammenstellen von Zugmannschaften stattgefunden haben. Die Muster sind unregelmäßig und sprechen eher für wiederkehrende Nutzung als für dauerhafte Bauten. Nördlich des Cursus deuten mehrere Punktreihen auf

Orientierungslinien, die quer zum Relief liegen. Sie könnten den Übergang von offenen Weiden zu Ritualflächen markiert haben. An den Geländekanten nach Osten, wo die Ebene in Richtung River Avon abfällt, zeichnen sich Ketten aus Senken und kleinen Gräben ab. Sie scheinen die Kante selbst als symbolische Schwelle zu fassen.

Die funktionalen Deutungen reichen von Prozession über Markierung bis Ritual. Prozession meint hier nicht eine festgeschriebene Route, sondern die wiederholte, gemeinschaftliche Bewegung entlang bestimmter Achsen. Markierung umfasst sichtbare Zeichen im Raum, die Orientierung, Abgrenzung oder Einladung leisten. Ritual bezeichnet Handlungen, die den Raum aufladen, ihn in eine besondere Zeit versetzen und ihn durch Gaben und Eingriffe verändern. Die Messungen stützen diese Trias. Linien aus Gruben und Pfosten geben Anhaltspunkte für Markierungen. Wege-Traces bestätigen wiederkehrende Bewegung. Zonen mit Brandspuren, verstreuten Tierknochen und Sonderfunden ordnen sich als ritualisierte Plätze ein. Der Übergang von Holz zu Stein entlang der Route vom Fluss zum Monument fügt ein starkes Symbol hinzu. Holz steht für das Lebendige und Vergängliche, Stein für das Dauerhafte und Ahnenhafte. Die Landschaft inszeniert diesen Wechsel als Weg.

Mit den Deutungen kommen Kontroversen. Manche sehen in jeder Anomalie ein Einfallstor für Erzählungen und warnen vor Überinterpretation. Daten sind nicht neutral. Sie entstehen durch die Wahl der Rasterweite, der Messrichtung, der Filter. Ein Magnetometer kann durch ein Eisenteil im Boden eine starke Störung erzeugen. Ackerfurchen produzieren Linien, die wie Wälle aussehen. Der Untergrund aus Kreide reagiert im Jahreslauf unterschiedlich. Wer mit großen Datensätzen arbeitet, braucht robuste Kriterien für Signale und Störungen. Andere warnen vor einer Verengung durch zu viel Vorsicht. Wer nur prüft und vergleicht, ohne die großen Muster zu benennen, verpasst Chancen. So pendelt die Diskussion zwischen expansiver Deutung und strenger Zurückhaltung. In diesem Pendeln wächst die Qualität der Arbeit, denn jede Seite zwingt die andere zur Begründung.

Ein besonderer Stein des Anstoßes sind monumentale Unterstellungen. An mehreren Stellen wurden verborgene, stehende Blöcke vermutet, die in späteren Erdarbeiten verschwanden. Später zeigte sich, dass Radarreflexe auch an gerissenen Kreidebänken entstehen können. In manchen Fällen führten Testschnitte zu großen, künstlich angelegten Gruben, in anderen zu natürlichen Strukturen. Die Lehre daraus ist klar. Erst die Kombination aus Messung, Vergleich, gezielter Sondage und archäologischem Kontext trägt. Ein einzelnes Bild, mag es noch so eindrucksvoll erscheinen, reicht nicht. Auch das gilt als Teil der Spannung zwischen Entdeckungslust und wissenschaftlicher Disziplin.

Die Frage nach Schutzinteressen und Forschungszugang stellt sich in dieser Landschaft besonders scharf. Stonehenge und sein Umfeld gehören zu den am strengsten geschützten Zonen in Großbritannien. Die Verantwortlichen von

Denkmalschutz und Landmanagement müssen zugleich bewahren und ermöglichen. Ausgrabungen bedeuten Eingriff in den Boden und sind irreversibel. Prospektion erscheint als ideale Lösung, doch sie ist nur der erste Schritt. Wo Messungen klare Hinweise geben, wächst der Wunsch nach Bestätigung. Wo der Wunsch groß wird, wächst das Risiko, die Substanz zu gefährden. Daher wurden Korridore definiert, in denen überhaupt gegraben werden darf. Zeitfenster sind kurz, Auflagen streng. Schweres Gerät wird begrenzt, Zugänge werden kanalisiert, sensible Flächen bleiben gesperrt. Probenahmen müssen so klein sein, dass sie in den Datenteppich passen, ohne ihn zu zerreißen.
Gleichzeitig fordern Forschungsverbünde und Universitäten verlässliche Wege zur Prüfung neuer Hypothesen. Die Lösung liegt in abgestuften Programmen. Erst wird im großen Maßstab prospektiert. Dann werden wenige Punkte ausgewählt, an denen sich verschiedene Signale überlagern. Dort folgen Kleinstschnitte, die in Tiefe und Umfang begrenzt sind. Viele Projekte arbeiten mit wiederverwendbaren Backfill-Lösungen, damit die Schnitte die Oberfläche nur kurz öffnen und sauber zurückführen. Die Ergebnisse fließen in Datenbanken, auf die Forscher zugreifen können. Ein digitales Referenzmodell für die Ebene entsteht, das sich mit jeder Kampagne aktualisiert. So wächst ein gemeinsamer Wissensraum, der Schutz und Forschung miteinander verschränkt.
Der Umgang mit Daten spielt dabei eine zentrale Rolle. Prospektionsdaten sind empfindlich. Falsch interpretiert,

führen sie zu sensationellen Schlagzeilen und beschädigen Vertrauen. Offen genutzt, fördern sie gute Kritik und Vergleichbarkeit. Zugleich enthalten sie Hinweise auf Gräber und Deponierungen, die vor Raub zu schützen sind. Deshalb arbeiten die Teams mit gestuften Freigaben. Rohdaten bleiben bei den Projekten, geprüfte Interpretationen gehen in öffentliche Berichte, sensible Koordinaten werden verschleiert. Besucherzentren nutzen vereinfachte Darstellungen, die Prinzipien zeigen, ohne Fundpunkte zu verraten. Auf diese Weise kann die breite Öffentlichkeit nachvollziehen, wie die unsichtbare Archäologie funktioniert, ohne dass der Schutz leidet.

Im Feld laufen diese Strategien als Routine. An einem kalten Morgen ziehen Martin und Aisha einen Radarschlitten über einen abgesteckten Quadranten. Tom trägt die Magnetik über eine andere Linie, Schritt für Schritt, den Blick auf die Anzeige. Sophie legt später die Zeitfenster übereinander und markiert Übereinstimmungen. Eine klare, runde Signatur in passender Tiefe, daneben ein schwächerer Ring, darüber eine lineare Trasse. Die Teamleiter setzen Marker an die Kreuzpunkte, die in die engere Auswahl kommen. Vorerst bleibt alles im Boden. Der Boden ist das Archiv, und die Regel lautet, nur das Nötige anzurühren. Am Ende des Tages entsteht eine Karte, auf der aus Punkten und Linien eine Form wächst. Später zeigt sich, ob sie ein Versammlungsplatz, eine Markierung an einer Kante oder ein Abschnitt einer Prozessionsroute war.

Diese Arbeit erweitert das Verständnis von Stonehenge als

Landschaft. Der Steinkreis ist nicht nur Zielpunkt. Er ist Teil eines Systems, das mit Grubenfeldern die Ränder zeichnet, mit Pfostenringen Räume öffnet und schließt und mit Wegen die Bewegung ordnet. Die Zeitlichkeit der Handlungen wird in Spuren sichtbar. Ein Pfostenring kann in einer Saison gesetzt, genutzt und abgebaut worden sein. Eine Grube kann erst leer, dann gefüllt worden sein, vielleicht mit Erde, Tierknochen, Feuerresten oder besonderen Objekten. Ein Weg kann in bestimmten Wochen begangen und in anderen gemieden worden sein. Prospektion zeigt diese Wechsel, nicht als Erzählung, sondern als Muster im Boden.

Die Grenzen der Verfahren bleiben Teil der Geschichte. Georadar hat Probleme in stark gestörten Böden, Magnetik wird in metallreichen Oberflächen unruhig, LiDAR liest das Relief, nicht die Tiefe. Es ist die Stärke der heutigen Landschaftsarchäologie, diese Grenzen in Kombinationen zu überbieten. Wo LiDAR eine Kante zeigt, prüft die Magnetik, ob entlang der Kante gegraben wurde. Wo Radar eine Tiefe liefert, fragt die Geochemie nach Spuren von Feuer und organischem Material. Wo das Muster überzeugt, darf ein schmaler Schnitt die Entscheidung bringen. In Summe entsteht eine Architektur des Wissens, die keine Mauer aus dogmatischen Sicherheiten baut, sondern ein Gerüst aus gut gestützten Vermutungen.

Prozession, Markierung, Ritual sind dabei nicht Etiketten nach Geschmack, sondern Arbeitsbegriffe. Prozession beschreibt wiederkehrende Bewegung mit Richtung und Rhythmus. Markierung benennt sichtbare und unsichtbare

Zeichen, die Räume strukturieren. Ritual hebt Handlungen aus dem Alltag heraus und bindet sie an Material, Ort und Zeit. Wenn Linien aus Gruben am Rand des Cursus entlangführen, wenn Pfostenringe an Geländekanten stehen und wenn Wege-Traces den Fluss mit dem Steinkreis verbinden, dann ergibt sich eine Landschaft, die das Begehen selbst zur zentralen Handlung macht. Die Ebene ist nicht nur der Hintergrund eines Monuments. Sie ist das Medium, in dem Bedeutung entsteht.

Zwischen Interpretation und Überinterpretation liegt die Verantwortung, Zweifel zu pflegen. Ein auffälliges Muster darf benannt werden. Es muss zugleich mit Alternativen bedacht werden. Ein Kreis kann ein Pfostenring sein, er kann eine natürliche Senke sein, er kann ein Produkt landwirtschaftlicher Bearbeitung sein. Erst wenn mehrere Verfahren in dieselbe Richtung weisen und der Kontext stimmt, erhebt sich die Vermutung zur tragfähigen Hypothese. Dieses Verfahren braucht Geduld. Es schützt vor der Versuchung, aus jedem Signal eine Geschichte zu schmieden. Es schützt aber auch vor der Trägheit, die große Bilder nicht zu denken wagt.

Der Streit um Zugriff und Schutz wird die Forschung weiter begleiten. Jede neue Kampagne zeigt die Stärke nicht invasiver Methoden und zugleich die Grenzen ohne Bodenöffnung. Vielleicht wird die Zukunft zusätzliche Werkzeuge liefern. Höhere Auflösungen im Radar, bessere Algorithmen zur Entstörung, präzisere Fusion unterschiedlicher Datensätze. Vielleicht wird es gelingen, aus winzigen Kernbohrungen mehr herauszulesen, als heute möglich ist. Vielleicht wird die Kombination mit Umweltarchäologie und Isotopenanalytik neue Marker liefern, die in den Prospektionsdaten bereits existieren, ohne dass man sie erkennt. In jedem Fall bleibt die Grundhaltung gültig. Die Ebene ist ein Archiv, und der Schutz dieses Archivs ist Teil der Forschung.

Am Ende schafft die unsichtbare Archäologie eine neue Art des Sehens. Wer die Karten betrachtet, sieht nicht mehr nur den Kranz aus Sarsensteinen und die Avenue. Er sieht Reihen aus Punkten, die Grenzen ziehen, Ringe aus Pfosten, die Räume öffnen, und Korridore, die Menschen führten. Diese Linien erzählen keine fertige Geschichte. Sie eröffnen Spielräume, in denen Annäherungen möglich sind. Zwischen Wissen und Vermuten spannt sich ein Feld, das klarer wird, je besser die Messungen werden, und geheimnisvoll bleibt, je mehr man versteht, wie viel ungesagt ist. Stonehenge zeigt sich in diesen Daten nicht als Rätsel, das durch eine Lösung verschwindet, sondern als Landschaft, deren Bedeutung in Schichten liegt. Jede Messung hebt eine neue Schicht ins Licht, jede Zurückhaltung bewahrt die nächsten für jene, die kommen. So bleibt das Unsichtbare nicht verborgen, sondern wird zum Teil des Wissens, das die Ebene trägt.

Religiöse Bedeutung und Kultpraxis

Religiöse Bedeutung und Kultpraxis sind an einem Monument wie Stonehenge nie nur Kulisse für einzelne Zeremonien. Sie entstehen aus Handlungen, die Menschen wiederholt und gemeinschaftlich vollziehen. Sie bilden sich aus Wegen, Blicken und Klängen, aus Dingen, die absichtlich niedergelegt werden, aus Feuer, Wasser und Bewegung. Stonehenge wirkt in dieser Perspektive nicht als isolierter Tempel, sondern als Knoten in einem Geflecht aus Orten, Zeiten und Akten. Der Kreis aus Sarsen und Blaustein, die Avenue, der River Avon und die benachbarten Holzarchitekturen fügen sich zu einer Choreografie, die Übergänge markiert und Zugehörigkeit erzeugt. In dieser Choreografie verbinden sich Ahnenkult, Heilrituale, Pilgerschaft und saisonale Feste mit performativen Formen wie Musik, Tanz, Prozession und dem rituellen Niederlegen von Dingen. Die religiöse Bedeutung liegt weniger in einem einzelnen Dogma als in der wiederholten Erfahrung, die die Anwesenden am eigenen Körper machen.

Der Ahnenkult steht am Anfang vieler Deutungen, weil Stonehenge zu seinen frühesten Zeiten mit einer der größten bekannten Kremationslandschaften der britischen Vorgeschichte verknüpft ist. Verbrannte Knochen wurden gesammelt, beigesetzt und wohl später in Teilen wieder umgelagert. Die Toten sind nicht verschwunden, sie wurden zu aktiven Bezugspunkten in einer Landschaft der Erinnerung. Der Kreis schafft einen Raum, in dem die Lebenden den Ahnen nahe sein können. Die kreisförmige

Fassung, die präzise Ausrichtung und die Monumentalität verleihen den Begegnungen mit den Verstorbenen Festigkeit und Form. Das bedeutet nicht, dass Stonehenge nur Grabplatz war. Vieles weist darauf hin, dass gesellschaftliche und kultische Handlungen rund um die Toten sowohl den Verlust ordneten als auch neue Bindungen stifteten. Der Ahnenkult garantierte Kontinuität und verankerte Ansprüche auf Land, Wissen und Rang.

Übergangsrituale fügen sich eng in dieses Bild. Übergänge meinen Lebensphasen und Statuswechsel, Geburt und Namensgebung, Heirat, Aufnahme in Bündnisse, Trauer und Versöhnung. In einer Welt ohne Schrift ist das Ritual das Medium, das solche Schwellen sichtbar macht. Die Architektur der Trilithen erzeugt Portale, die buchstäblich durchschritten werden. Die Hufeisenform des inneren Sarsenensembles bündelt den Blick und führt ihn auf die Achse der Sonnenwenden. Wer diese Schwelle in einer Prozession überschreitet, geht nicht nur räumlich von außen nach innen. Er oder sie wechselt das Register von Alltag zu Fest, von profan zu sakral, von lebendig zu ehrend. Bei Übergangsritualen treten Spezialisten auf, die Ordnung in den Ablauf bringen, Worte aussprechen, Zeichen geben und Opfergaben annehmen. Die Teilnehmenden lernen zugleich die Regeln und Gaben, die eine Gemeinschaft tragen.

Heilrituale ergänzen diese Palette. Eine verbreitete Vermutung beschreibt die Blausteine als Träger besonderer Kräfte. Blausteine aus fernen Quellen wurden mit Absicht gewählt, manche zeigen zerschlagene Kanten und Spuren intensiver Bearbeitung. Aus steinernen Platten können heilende Berührungen, Kühlen, Schaben und das Auflegen von Amuletten geworden sein. Heilung ist dabei nicht nur medizinische Linderung, sie ist eine Wiederherstellung von Gleichgewicht zwischen Person, Ahnen und Ort. Wer durch Entfernung und Mühe zu den Steinen reist, demonstriert Bereitschaft zur Wandlung. Heilung geschieht in der Gemeinschaft, mit Gesang, Rhythmus und symbolischen Gaben, die den eigenen Anteil an der Wiederherstellung sichtbar machen. Eine Genesung bestätigt dann die Kraft der Steine und der Rituale und wird in Erzählungen weitergetragen.

Pilgerschaft prägt die religiöse Bedeutung in besonderer Weise. Wer reist, verbindet Landschaften, bringt Neuigkeiten und Dinge mit und kehrt mit Geschichten zurück. Die Avenue ist mehr als ein Weg, sie ist ein zeremonieller Korridor zwischen dem River Avon und dem Steinkreis. Sie bindet Wasser und Stein, Flussufer und Hochfläche, Bewegung und Ankunft zusammen. Pilger nähern sich nicht zufällig, sie folgen einer vorgegebenen Linie, die den Blick auf die Achse von Sonnenaufgang im Sommer und Sonnenuntergang im Winter lenkt. Die jahreszeitliche Rückbindung verleiht der Pilgerschaft ihren Rhythmus. Gruppen aus unterschiedlichen Regionen treffen ein, unterschieden an Dialekten, Tracht und Gaben, doch geeint im Ziel. Die gemeinsame Ankunft verdichtet soziale Bande, bekräftigt Bündnisse und erneuert Verpflichtungen.

Saisonale Feste unterstreichen diese Verdichtung. Der Winter war in vielen agrarischen Gesellschaften die Zeit der großen Zusammenkünfte. Vieh wurde geschlachtet, Vorräte waren angelegt, die Feldarbeit ruhte. Ein Fest im tiefsten Dunkel erneuert die Hoffnung auf Licht und Ernte. In Stonehenge richtet sich die Monumentalität sichtbar auf den Wechsel der Sonne. Wer am Abend der Wintersonnenwende am westlichen Horizont steht, sieht den Untergang entlang der großen Achse. Der Lauf der Sonne wird durch Stein gefasst und liest sich wie ein himmlisches Gelöbnis, dass das Jahr sich erneuert. Der Sommer wiederum macht das Aufgehen des Lichts zum Spektakel des Morgens. Beide Wendepunkte markieren Möglichkeiten für Gelübde, Verträge und Gaben. Der Kalender wird nicht nur abgelesen, er wird sozial eingelöst.

Musik, Tanz und Prozession machen aus dem Fest ein Ereignis der Sinne. Trommeln, Klappern, Hörner, Gesänge und das Stampfen vieler Schritte erzeugen ein akustisches Feld, das die Architektur durchdringt. Die Steine reflektieren Klang, die Enge zwischen Pfeiler und Lintel schafft Resonanzen, die tiefe Töne tragen. Rhythmische Bewegung ordnet den Ablauf, einzelne Gruppen treten vor, andere antworten, der Kreis wird umrundet, die Achse betont. Tanz verwandelt die Körper und steigert die Wahrnehmung, er strukturiert Zeit und eröffnet Zustände, die jenseits des Alltags liegen. In solchen Momenten werden Worte, Eide und Bitten gesprochen, Opfergaben dargebracht und Namen genannt, die die Ahnen hörbar machen.

Die Praxis der Deponierungen verleiht den Festen Dauer.

Gaben werden gezielt niedergelegt, am Rand von Graben und Wall, entlang von Wegen, in Gruben und an Feuerstellen. Geweihpickel, Knochen, Keramik, geschlagene Klingen, geschmückte Steine und verkohlte Reste zeugen von einer Ordnung, die nicht zufällig ist. Manche Dinge werden vollständig deponiert, andere zerbrochen und geistig der unsichtbaren Sphäre überantwortet. Feuer spielt dabei eine zentrale Rolle. Es verwandelt Materie, klärt und trennt, lässt Düfte und Rauch aufsteigen, die als Nahrung der Ahnen gedeutet werden können. Glutstellen markieren Orte des Innehaltens und der Rezitation. Das Niederlegen am Wasser verstärkt den Übergang, denn Flüsse sind Grenzräume zwischen Welten. Der River Avon ist ein rituelles Gegenüber. Gaben, die im Wasser verschwinden, werden nicht zurückgeholt. Die Verlusthandlung stiftet Bedeutung.
Wasserbezüge verbinden die Sphäre der Lebenden mit der der Ahnen. Wer vom Fluss heraufzieht, vollzieht eine Reinigung, die den Eintritt in den Kultbereich vorbereitet. Waschen, Tränken, Benetzen der Steine, Trankopfer und das Schöpfen aus dem Fluss bilden Sequenzen, die Körper und Dinge aufladen. Die Avenue übersetzt das Fließende des Wassers in eine gerichtete Bewegung, die in den Fixpunkt der Steine mündet. Wasser trägt Geräusche und Gerüche, es kühlt und beruhigt, es ist das Element, das den Kreis ergänzt, ohne dass es sichtbar eingefasst wäre. In dieser Spannung aus Fluss und Fassung liegt eine der eindrücklichsten religiösen Qualitäten der Anlage.
Das Symbolsystem Holz und Stein lässt sich als semantischer

Kontrast lesen. Holz steht für Wachstum, Gegenwart und die wandelbare Welt der Lebenden. Holzarchitekturen werden errichtet, genutzt, erneuert und vergehen. In der Nähe des Steinkreises lagen Siedlungen und hölzerne Ringstrukturen, die Leben, Arbeit und Fest verbanden. Stein steht für Beständigkeit, Ahnen und Dauer. Die Steine werden gesetzt, verbunden und aufeinander gelegt, sie altern sichtbar weit langsamer als Menschen. Ein Weg von Holz zu Stein kann als Passage vom Leben zum Ahnen gedeutet werden. Wer in einer Prozession vom hölzernen Versammlungsplatz zum Steinkreis zieht, bewegt sich durch diese symbolische Grammatik. Das erklärt, warum in der Landschaft mehrere Monumente bewusst miteinander verknüpft sind. Die Werte Holz und Stein sind nicht gegensätzlich, sie ergänzen sich in einem Kreislauf von Werden und Erinnern.

Die religiöse Bedeutung einzelner Elemente gewinnt in diesem System Kontur. Der Heel Stone markiert den Punkt, an dem das Licht zum Ritual wird. Er fungiert als Vorzeichen am Rand des Kreises, als stehender Zeiger im Wechsel der Jahreszeiten. Die Station Stones bilden eine zweite Ordnung, die Wege und Sichtachsen schneidet. Der Altarstein im Inneren ist keine Bank im profanen Sinn, sondern eine Bühne für Opferhandlungen, das Ablegen von Gaben und das Präsentieren heiliger Dinge. Die Hufeisenordnung der Trilithen schafft Kulissen für Auftritte und Offenbarungen. Die Architektur hält die Spannung zwischen offener Weite und konzentrierter Mitte. Das Publikum steht, kniet, ruft und schweigt in Gesten, die von Spezialisten angeleitet werden. So entsteht eine Liturgie ohne Schrift, in der die Steine die Rollen verteilen.

Vergleiche mit Avebury schärfen das Verständnis. Avebury ist weitläufiger und durch die beiden Avenuen noch stärker auf Bewegung ausgelegt. Der große Graben kreist den Ort, in dessen Innerem weitere Steinsetzungen lagen. Prozessionen können sich dort in langen Schlangen bewegen. Gaben werden entlang der Wege deponiert, der Raum wirkt offen für die Versammlung großer Gruppen. Stonehenge dagegen konzentriert Aufmerksamkeit im Inneren, es schichtet Höhe und Enge zu einer Szene, in der selektive Präsenz wahrscheinlich war. Beides sind Kultlandschaften, doch sie betonen unterschiedliche Modi. Avebury feiert in die Breite und über Entfernung, Stonehenge zieht die Geste in den Fokus und bindet sie an eine Achse. Diese Differenz spricht für vielfältige religiöse Ökonomien, die sich gegenseitig ergänzten und in denen Pilger zwischen Zentren wechselten.

Auf Orkney zeigen Ring of Brodgar und Stones of Stenness eine andere Kombination aus Wasser, Stein und Siedlung. Die Steinkreise liegen zwischen Seen, die Wege verbinden Häuser, Hallen und Kultplätze zu einem dichten Gefüge. Dort lassen sich Festessen, rituelle Zerstörungen und Neuaufbauten fassen. Die Nähe von Wohnarchitektur und Ritualorten wirkt enger als im Wessex-Raum. Der Blick über das Wasser, das Durchschreiten enger Zugänge und das Umrunden hoher Steine erzeugen trotzdem ähnliche Erfahrungen. Orkney zeigt, wie stark Musik, Tanz und Prozession bereits im Neolithikum die religiöse Form bestimmten. Diese Parallelen machen deutlich, dass Stonehenge Teil eines größeren europäischen Bildervorrats ist, der Wasser, Stein und Bewegung kombiniert.

Newgrange in Irland richtet sich mit großer Präzision auf den Sonnenaufgang der Wintersonnenwende. Licht dringt in einen dunklen Gang und erfüllt die Kammer, in der die Toten liegen. Das Schauspiel dauert kurz, hat aber enorme Dichte. Die Botschaft ist unmissverständlich. Das Licht kehrt zurück und berührt die Ahnen. In Stonehenge findet die Dramaturgie im Freien statt. Nicht die Finsternis einer Kammer, sondern die erhabene Fassung des Himmels macht die Wendung sichtbar. Beide Orte verknüpfen kosmische Ordnung mit sozialer Verpflichtung. Wer das Licht sieht, bekräftigt die Regeln der Gemeinschaft. Die Unterschiede in der architektonischen Umsetzung zeigen verschiedene Wege zur gleichen religiösen Pointe.

Performative Rituale leben vom Körper. Kleidung, Bemalung, Schmuck und Masken signalisieren Rolle und Status. Geweihkronen, Federn, Tierzähne und gefärbte Textilien verwandeln Menschen in Gestalten, die mehr sind als sie selbst. Riten beginnen häufig mit dem Sammeln, in dem die Teilnehmenden ihre Alltagsidentität ablegen. Ein Ruf ordnet die Prozession, Trommeln setzen den Schritt, der Weg zur Achse rahmt die Annäherung. Vor dem Eintritt ins Innere werden Gaben geprüft und Worte gesprochen. Drinnen folgen Gesang, Tanz, Sprechakte, Schweigen und Opfer. Die Begegnung mit den Ahnen wird fühlbar. Das Ende markiert ein gemeinsamer Ruf oder das Erlöschen eines Feuers.

Danach lösen sich die Rollen auf, der Rückweg zum Fluss oder zu den Lagern beginnt.

Feuerstellen wirken wie Kapitelzeichen in dieser Abfolge. Feuer spendet Licht und Wärme, vor allem verwandelt es die materielle Welt. Aus Holz wird Glut und Asche, aus Fleisch wird Duft, aus Talg wird Flamme. In dieser Verwandlung liegt die Logik des Opfers. Wer einen Teil abgibt, macht sichtbar, dass die eigene Fülle geteilt ist. Feuer kann reinigen und gefährden. Das kontrollierte Spiel mit der Gefahr bindet die Gemeinschaft an Regeln und sorgt für Aufmerksamkeit. Reste von Kohlen und Rauchschichten markieren im Boden die Spuren, an denen sich spätere Deutungen entzünden. Die Wiederholung über Jahre und Generationen schafft eine Patina, die den Ort auflädt und die nächste Feier vorbereitet.

Die religiöse Ökonomie der Gaben ist mehr als Verschwendung. Gaben sind Verbindlichkeit, Gegengabe und Erinnerung. Ein Messer, das in den Graben gegeben wird, steht für das Versprechen, sich an eine Abmachung zu halten. Ein Gefäß mit Speise steht für Gastfreundschaft und Teilhabe. Eine zerbrochene Klinge zeigt, dass der Gegenstand die Sphäre gewechselt hat. Wer schenkt, erwartet Antwort, sei es in Form von Heilung, einer Heirat, einem Bündnis oder in der Gewissheit, dass die Ahnen den Schritt gutheißen. Das religiöse System belohnt Teilnahme und sanktioniert Auslassen. So entstehen aus Festen soziale Netze, die den Raum Wessex über Jahrhunderte strukturieren.

Heilrituale lassen sich innerhalb dieser Ökonomie präzise

verorten. Eine verletzte Person tritt vor, wird benannt, berührt und besungen. Ein Spezialist legt Stein auf Haut, zeichnet Linien, spricht Formeln. Die Gemeinschaft sieht zu und bestätigt den Willen zur Heilung. Danach werden Gaben niedergelegt, die die Bitte untermauern. Wenn Heilung eintritt, wird Dank ausgesprochen. Bleibt sie aus, wird der Grund gesucht, oft in einem Versäumnis, das zu korrigieren ist. Heilrituale wirken daher zugleich medizinisch, sozial und moralisch. Der Ort macht sie wirksam, weil er die Handlung in die Zeit der Ahnen einbindet.

Die Gegenüberstellung von Sommer- und Wintersonnenwende bildet schließlich den Rahmen des Kultjahres. Der Sommer ruft in die Weite, das Land steht voller Fülle, die Tage sind lang. Die Feier richtet sich auf Auszüge, Jagden und das Bestätigen von Fernkontakten. Der Winter ruft nach Nähe, Wärme und Verdichtung. Die Feier richtet sich auf die Mitte, die erneute Bindung an die Ahnen und die Bestätigung von Bündnissen, die den Mangel bestehen lassen. Beide Wendepunkte sind notwendig, damit das Jahr eine Form erhält. In Stonehenge ist der Winter wohl der tiefere Ernst, der Sommer die helle Schau. Die heutige Begeisterung für den Sonnaufgang im Juni und das romantische Bild der langen Tage verdecken leicht, wie stark die Hoffnung der Menschen auf das Wiedererstarken des Lichts im Dezember ausgerichtet war.

Vergleiche mit Avebury, Orkney und Newgrange zeigen, dass Stonehenge Teil einer weit gespannten religiösen Sprachgemeinschaft war. Überall verbinden sich Wege,

Wasser, Stein, Feuer und Klang. Überall ordnen Achsen den Blick und formen das Handeln. Überall schaffen Gaben Dauer und Erinnerung. Unterschiede in Maß, Material und Dichte ergeben verschiedene Stile, aber die Grundform bleibt verwandt. Daraus entsteht der Eindruck einer religiösen Konföderation, die ohne zentrale Steuerung auskommt, weil gemeinsame Bilder und Praktiken ausreichen, um Sinn zu erzeugen.

Religiöse Bedeutung lässt sich an einem Ort wie Stonehenge nicht endgültig festschreiben. Sie ist ein Geflecht aus Handlungen, die in der Wiederholung und Variation Bedeutung gewinnen. Der Kreis nimmt die Menschen auf, richtet sie zueinander und zum Himmel, bindet sie an die Ahnen und an das Land. Die Avenue führt die vielen Wege der Ankommenden in eine Linie, der Fluss gibt der Ankunft Tiefe und Frische. Feuer verwandelt und markiert, Wasser reinigt und verbindet, Stein fasst und bewahrt, Holz lebt und vergeht. Musik und Tanz machen aus Bewegung eine Erfahrung, Deponierungen geben dem Unsichtbaren Gewicht. Wer Stonehenge als Bühne begreift, auf der Übergänge gestaltet werden, versteht, warum dieser Ort über Jahrhunderte Anziehungskraft besaß.

Im Ergebnis entsteht ein Kult, der das Verhältnis von Leben und Bestand neu austariert. Die Ahnen sind nicht ferne Schatten, sie sind ansprechbar und gegenwärtig. Heilung ist nicht bloße Technik, sie ist die Wiederherstellung eines sozialen und kosmischen Gleichgewichts. Pilgerschaft ist nicht nur Reise, sie ist der Beweis von Loyalität und

Zugehörigkeit. Saisonale Feste sind nicht nur Vergnügen, sie sind die Erneuerung eines Vertrages mit Sonne, Erde und Gemeinschaft. Musik, Tanz und Prozession sind nicht Beiwerk, sie sind das Medium, in dem die Botschaft erst Form gewinnt. Deponierungen und Feuerstellen sind nicht Müll und Glut, sie sind die Archive eines Glaubens, der seine Welt durch Handeln erschafft. Wasser am Avon ist nicht Kulisse, es ist der Grenzraum, über den man übertritt, um sich zu erneuern. Holz und Stein sind nicht Materialien, sie sind Wörter in einer Sprache, die Leben und Ahnen zu einem Satz verbindet.

Wer heute durch den Kreis schreitet, erlebt davon noch immer ein Echo. Nicht, weil die alten Rituale fortbestehen, sondern weil die Ordnung von Weg und Blick, von Öffnung und Achse, von Nähe und Weite eine uralte Grammatik anspricht. Diese Grammatik macht aus Landschaft eine Bühne und aus Zeit eine Abfolge, die trägt. Stonehenge zeigt, wie aus Architektur Religion entsteht und wie Religion wiederum Architektur auflädt. Es ist dieser Kreislauf, der das Monument zu einem der eindrücklichsten Zeugnisse prähistorischer Kultpraxis macht.

Politische Rolle von Stonehenge

Stonehenge erscheint heute als gewaltiges Monument aus Stein, als ein Ort der Sonne und der Toten, als ein technisches Meisterwerk. Hinter dieser sichtbaren Hülle steht jedoch eine zweite Ebene, die politische. Macht musste vor Publikum erzeugt und bestätigt werden. Sie brauchte Bühne, Choreografie, verlässliche Rituale, Orte für Verhandlungen und Orte für den Akt des Schenkens, der Gaben und Gegengaben. In einer Gesellschaft ohne feste Schrift und ohne stehende Armeen bedeutete Politik vor allem persönliche Bindung, kontrollierte Sichtbarkeit und die Fähigkeit, Menschen zur gleichen Zeit am gleichen Ort zu versammeln. Stonehenge und sein Landschaftskomplex boten genau das. Sie bündelten in einer Zone aus Fluss, Wegen, Henges und Hügeln jene Voraussetzungen, die Allianzen trugen und Autorität in wiederkehrenden Handlungen festschrieben.

Die saisonale Taktung war der Taktstock dieser politischen Ordnung. Um die Sonnenwende versammelten sich Gruppen aus der weiteren Region, vielleicht aus dem ganzen Süden Britanniens. Hinweise auf große Feste im Winter stammen aus den Abfallzonen von Durrington Walls. Das Muster der Tierknochen deutet auf Schlachten in einer Phase des Jahres, in der Herden ohnehin reduziert wurden. Solche Feste waren mehr als Nahrungsaufnahme. Sie waren Vertragsraum. Fleisch wurde zerlegt und verteilt, Bier und Met rundeten das Mahl. Wer austeilte, demonstrierte Ressourcenhoheit. Wer annahm, trat in eine Kette wechselseitiger Verpflichtungen ein. An einem Monument, dessen Steine aus fernen Gegenden stammten, erhielt jede Schüssel und jeder Becher ein zusätzliches Gewicht. Die Trinkschale wurde zur Handhabe der Diplomatie.

Bündnisse wurden in dauerhaften Formen verankert. Heiraten verbanden Gruppen über Distanzen. Frauen und Männer wechselten in andere Gemeinschaften, brachten Wissen, Handwerk, Geschichten und neue Verwandtschaftsnetze mit. Die große Bühne der Feiern schuf den passenden Rahmen für Anbahnung, Verhandlung und Besiegelung solcher Verbindungen. Namen wurden bekannt, Gesichter zu Verbündeten, Versprechen vor Augenzeugen gegeben. Zugleich bot Stonehenge mit seinem System streng gefasster Zugänge eine Ordnung, die Nähe regelte. Wer bis in den inneren Kreis gelangte, hatte Status. Wer auf der Avenue in den Prozessionszug einsortiert wurde, war in eine hierarchische Bewegung eingebunden. Damit verband sich Autorität mit räumlicher Platzierung. Politik war nicht nur Gerede am Feuer, sondern ein Gehen und Stehen nach Rang.

Eine zweite Form der Politik liegt in der Territorialmarkierung. Stonehenge besetzt einen markanten Abschnitt der Salisbury Plain. Die Sichtachsen reichen weit über die Kreidehochflächen. In der Nähe verläuft der River Avon. Von den Downs führen Höhenrücken und alte Wege auf das Plateau. Ein solches Ensemble machte das Monument zu einem Fixpunkt im Raum und zu einer Botschaft an jede Gruppe, die die Ebene betrat. Monumente definieren Grenzen nicht wie Zäune, sie markieren Anspruch und

Anziehung. Die langen Reihen der Rundhügel auf den Höhenzügen, ausgerichtet auf Achsen, die auch im Steinmonument angelegt sind, vernetzen Topografie mit Erinnerung. Ahnen wurden über den Horizont verteilt. Wer diese Linie sah, wusste, in welchem Gebiet welche Linie das Recht beanspruchte, Feste auszurichten, Opfer zu bringen und Wege zu leiten. Territorialpolitik war in Kreide gezeichnet und in Stein gefasst.

Prestige-Architektur war ein dritter Pfeiler politischer Kommunikation. Die Trilithen des Sarsenkreises sind nicht nur groß. Sie sind präzise bearbeitet, mit Zapfen und Pfannen verbunden, überdeckt von Linten, die in einem durchgehenden Kranz liegen. Solche technische Meisterschaft zeigt, dass Wissen konzentriert und Arbeit mobilisiert werden konnte. Die Planer verbanden Geometrie mit Handwerk. In einer Welt ohne Metallwerkzeuge in der Bauphase bedeutete die reibungslose Fügung der Sarsen eine Botschaft. Hier versammeln sich Leute, die Holz, Stein und Geweih als Werkzeuge kennen und deren Kräfte koordinieren. Die Leichtigkeit, mit der der Lintelkranz den Himmel zu fassen scheint, verwandelt technische Leistung in ein Bild von Ordnung. Diese Ordnung war politisch. Sie bewies, dass Leitung funktionierte. Wer Gemeinschaften für mehrere Winterkampagnen an einen Ort holt, sie versorgt und sicher organisiert, der zeigt Macht, ohne sie im Streit auszuspielen.

Die Herkunft der Blausteine steht für die vierte Dimension politischer Rolle. Dass ein Teil der Steine aus Westwales stammt, verweist auf Fernkontakte. Transport und Beschaffung setzten komplexe Absprachen entlang eines Korridors voraus, der Küsten, Flüsse und Höhenwege verknüpfte. Entlang dieser Route wechselten nicht nur Steine die Hände. Auch Ideen, Lieder, Formen der Verknotung von Seilen, Techniken des Gleitens über nassen Boden, Rezepte für Gerstenbier und Regeln der Gastfreundschaft wanderten. Ein Stein aus Preseli war als Objekt seiner Herkunft sichtbar. Wer ihn berührte, hatte symbolisch auch die Landschaft berührt, in der er gebrochen wurde. So wurden das Ferne und das Nahe politisch verschaltet. Der Besitz eines solchen Steines war eine Zusage und ein Pfand. Er band Gruppen über die enorme Strecke hinweg. Politik nahm die Form eines Gesteins an, das im Kreis der Rituale stand.

Die Dynamik der Gabe und Gegengabe war das Schmiermittel dieser Verbindungen. Metall war in der Zeit der späten Bauphasen auf dem Vormarsch. Kupfer und Gold zeigten neuen Glanz, Zinn aus dem Westen verband sich mit Kupfer zu Bronze. Doch lange bevor Metall den Ton angab, zirkulierten Vieh, Salz, Arrangements für Bauholz, fein gearbeitete Klingen aus Feuerstein, Perlen aus Jet, seltene Muscheln, vielleicht auch Pigmente. In einem Prestige-System wog ein gut trainiertes Rind so viel wie ein Messer von außergewöhnlicher Qualität. Ein Messer wog so viel wie das Versprechen, zur nächsten Sonnenwende mit hundert Leuten zu kommen. In dieser Gleichung stand jeder Gegenstand für einen Anteil sozialer Zukunft. Der Gastgeber eines großen Winterfestes verpflichtete seine Gäste zur Antwort. Die Folge

war eine Staffel von Festen, die die Region über Jahre in Bewegung hielt. Stonehenge war die Klammer und der Maßstab, an dem die Größe der Gaben gemessen wurde.
Auch die Inszenierung von Macht wurde durch das Monument vorbereitet. Die Solstitienachse legt ein Skript für den Ablauf der Feier fest. Zur Wintersonnenwende sinkt die Sonne entlang der Achse, die durch das Hufeisen der Trilithen gezeichnet ist. Prozessionen können diese Linie aufgreifen und in Bewegung umsetzen. Menschen sahen, wie der Lauf der Sonne mit dem Gang der Gruppen verschmolz. Wer diese Choreografie bestimmte, kontrollierte das Timing der Geschenke, der Reden, der Verteilung der Plätze. Der Zugang zu den inneren Bereichen konnte eingeschränkt werden. Zuerst der Kreis der Älteren oder der Ritualspezialisten, dann die Gastgeberfamilien, dann die Delegationen mit bestimmten Abzeichen, dann die übrigen Teilnehmer. Solche Staffelungen erzeugten Erwartung und bestätigten Hierarchie, ohne das Gewimmel der Menge verlieren zu müssen. Sicht war das Kapital des Mächtigen. Er ließ sich sehen und sah andere, und beide wussten, wie diese Begegnung auszulegen war.
Die Elitenrituale verbanden Ancestralsphäre und Gegenwartspolitik. In frühen Phasen lagen im Umfeld von Stonehenge zahlreiche Brandbestattungen. Erinnerung an die Toten konnte in die Gegenwart verschoben werden. Eine Gruppe, die sich auf einen Ahnen berief, dessen Reste nahe dem Monument ruhten, begründete Anspruch. Der Ort der Beisetzung wurde zu einer Quelle legitimer Handlung. Jedes

Ritual, das Namen und Abstammungslinien aufzählte, brachte eine Karte aus Stimmen und Orten hervor, in der manche Stränge dicker waren als andere. Wer in dieser Liste ganz vorn genannt wurde, hatte Vorrang, wenn es um Sitzplätze, Reihenfolge der Prozession und erste Zuteilungen beim Fest ging. Genealogie war Politik in Zeit und Raum.

Politik bedeutete auch Konfliktregelung. Wo viele Gruppen zusammenkamen, gab es Spannungen. Nicht jede Jagd endete ohne Streit über Grenzen. Nicht jede junge Verbindung zwischen Gruppen hielt. Ein monumentaler Ort wirkt deeskalierend, wenn seine Regeln als übergeordnet akzeptiert sind. Wer an der Avenue ankommt, tritt in eine Ordnung ein, die älter ist als der Anlass. Das verringert die Versuchung, in hitziger Stunde eigene Regeln zu setzen. In diesem Sinn war Stonehenge ein Neutralraum auf Zeit. Er gehörte allen, die ihn anerkannten, und keinem einzelnen. Diese Eigentümlichkeit erklärt, warum das Monument politisch so attraktiv blieb, auch wenn Baustile wechselten oder neue Objekte der Begierde auftauchten. Der Ort war ein Sicherungsanker im Strom der Wechselbeziehungen.

Ein Vergleich mit anderen Zentren im Wessex-Raum schärft das Profil. Avebury beeindruckt durch Größe und die Einbindung des Dorfes in den Ring, dazu die massiven Steinalleen. Silbury Hill erhebt sich als künstlicher Berg. Marden Henge lag an der Oberen Avon und verband Flussnähe mit enormen Erdarbeiten. Mount Pleasant bei Dorchester zeigt wiederum die Fähigkeit, Land mittels Gräben zu fassen und große Areale zu strukturieren. Diese

Orte boten jeweils eigene Möglichkeiten der politischen Inszenierung. Avebury zeigte Offenheit und Weite, ein Ring, der Landschaft verschluckt und Menschen in eine grandiose Fläche stellt. Silbury Hill demonstrierte die Fähigkeit, Erdmaterial in gigantischem Umfang zu bewegen. Marden Henge verwob Fluss, Niederung und Umwallung. Stonehenge unterschied sich durch die präzise Steinarchitektur und die solare Achse, durch die Nähe zum Fluss über die Avenue und durch die Dichte von Begleitmonumenten. Sein politischer Vorteil lag in der Kombination aus handwerklicher Feinheit, astronomischer Choreografie und landschaftlicher Einbindung. Es war weniger ein Hafen für die breite Menge wie Avebury, sondern eher ein Hof mit klaren Zugangsregeln, ohne je exklusiv im engen Sinn zu sein. Diese Mischung verlieh dem Ort jenes Profil, das Eliten nach einer Bühne suchen ließ, die weder prunklos noch ungebändigt war.

Die Verbindung über den River Avon erweiterte die politische Reichweite. Anlanden, ausbooten, Prozession bilden, den Weg hinauf schreiten, im Kreis stehen und den Zyklus der Gaben beginnen. Die Abfolge hat eine dramaturgische Logik, die Wasser und Stein verknüpft. Gruppen, die per Fluss kommen, signalisieren Fernkontakt. Wer über Höhenwege anmarschiert, zeigt Raumkontrolle im Inland. In der Summe entsteht das Bild einer Mitte, die auf beiden Pfaden erreichbar ist und beide Pfade sichtbar macht. Die Mitte ist politisch nur dann stabil, wenn sie durchlässig bleibt. Stonehenge musste einladen, ohne sich zu verlieren.

Deshalb wurden Räume geschaffen, in denen viele stehen, aber wenige handeln. Diese Trennung hielt den Ort attraktiv. Jeder konnte teilhaben, doch nicht jeder konnte führen.
Die Rolle von Spezialisten war dabei nicht zu unterschätzen. Planer und Zeitkundler setzten die Termine fest, die sich am Jahreskreis orientierten. Zeremonienleiter kannten die Reihenfolge der Handlungen. Steinmetze und Holzbaumeister vermittelten zwischen Gefüge und Ritual. Boten trugen Nachrichten im Vorfeld, verbreiteten das Wort vom Zeitpunkt, prüften Wege, verhandelten Beiträge zu Nahrung und Arbeit. Solche Spezialisten bildeten Knoten in den Netzwerken, die das Monument mit den Siedlungslandschaften verbanden. Sie standen in persönlichen Beziehungen zu den Patronen von Festen und zu den Gruppen, die anreisten. In ihrem Wirken verschmolzen technische und politische Kompetenz. Ein Bote, der zuverlässig Nachrichten überbrachte, war politisch wichtiger als ein Krieger mit einem besonderen Speer. Ein Steinmetz, der einen Lintel genau einpasste, war wertvoller als ein Jagdmeister, der einen Hirsch mehr schoss. Das Monument verschob die Prestigeordnung zugunsten jener, die Ordnung erzeugen.
In diesem Rahmen wuchs eine Erzählung von Vorrang. Bestimmte Linien im Wessex-Raum konnten ihren Anspruch auf Führungsrollen durch die Anbindung an Stonehenge stärken. Die Nähe zu den Rängen der Rundhügel auf den Höhen, Gräber mit reichem Beigabenspektrum, Zeichen von Fernkontakten wie Goldblech, Schmuck und elegante

Pfeilspitzen aus feinem Feuerstein fügten ein Bild. Politik beruhte weniger auf Zwang als auf Anerkennung. Anerkennung erwuchs aus wiederholter Sichtbarkeit und aus der Verlässlichkeit, mit der Feste stattfanden. So wie Jahreszeiten voranschreiten, kehrten die Riten zurück. Wer sie garantierte, stand oben auf der Leiter.

Politische Rolle zeigte sich auch in der Reaktion auf Wandel. Der Übergang zur Metallzeit brachte neue Prestigeobjekte. Die Antwort war nicht der Abbruch der Feste, sondern ihre Anpassung. Möglicherweise wurden metallene Gaben feierlich überreicht, neue Lieder gesungen, die die Herkunft dieser glänzenden Dinge priesen. Gleichzeitig blieb das Steinmonument ein Anker. Es bot Stabilität in einer Zeit der Innovation. Diese Doppelstruktur, das Alte als Bühne, das Neue als Inhalt, hält politische Ordnung zusammen. Innovation ohne Rahmen zerfasert. Rahmen ohne Inhalt wird leer. Stonehenge war Rahmen.

Diplomatie hatte in diesem System viele Gesichter. Sie konnte als Heirat daherkommen, als Austausch von Tieren, als Schulterschluss bei einem Bauabschnitt, als Zusage, einen fehlenden Lintel in einer kommenden Kampagne zu setzen. Diplomatie betraf Wege und Durchgangsrechte, Jagdgründe und Weideflächen, die Nutzung von Quellen, das Recht, Holz in bestimmten Niederungen zu schlagen. Sie war handfest, materiell und zugleich getragen von Zeichen und Worten, die vor Versammelten ausgesprochen wurden. Der Raum des Kreises half, Zusagen erinnerbar zu machen. Jeder wusste, wer was zugesagt hatte, denn alle hatten die gleiche Sonne auf der Stirn gespürt, als der Schwur gegeben wurde. Politik lebte vom gemeinsamen Gedächtnis.

Dass Stonehenge eine solche Rolle ausfüllen konnte, setzt Frieden auf Zeit voraus. Der Ort war nicht kriegsuntauglich, doch seine größte Stärke lag im Aussetzen des Streits. In diesem Sinne war er ein Investitionsgut. Gemeinschaften gaben Arbeitszeit und Tiere, um einen Raum zu schaffen, der Konfliktkosten senkt. Diese Kostenreduktion kommt allen zugute. Mit jeder gelungenen Festfolge wuchs die Bereitschaft, den Ort zu erhalten, zu reparieren, neu zu fassen, Wege zu verbessern und Zugänge zu pflegen. Die Politik investierte in Infrastruktur.

Aus der Perspektive des Wessex-Raums ergibt sich ein Bild aus mehreren Zentren mit verschiedenen Schwerpunkten. Avebury und Silbury Hill erzeugten Staunen und Weite. Marden Henge schuf ein Talheiligtum, das vielleicht andere Festformen begünstigte. Stonehenge bündelte Präzision, Solarsymbolik und den Flussbezug zu einer Bühne, die Heiratsnetzwerke, diplomatische Treffen, Territorialbotschaften, Fernkontakte und Elitenrituale zugleich tragen konnte. Die Stärke lag in der Fähigkeit, all diese Funktionen in eine harmonische Abfolge zu bringen. Die gleiche Achse, die die Sonne führt, führte auch die Gruppen. Die gleichen Steine, die für Beständigkeit stehen, rahmten die flüchtigen Verhandlungen. Die gleichen Wege, die Zugang erlaubten, regelten Rang und Sicht. So formte das Monument soziale Energie in politische Ordnung.

Die politische Rolle von Stonehenge war daher nicht

Nebensache. Sie war Kern einer Landschaftsgesellschaft, die ohne Schrift und ohne feste Städte auskam, aber keineswegs ohne klare Formen von Autorität und Verbindlichkeit. Dieses System lebte von Wiederholung, Erinnerung und räumlicher Präzision. Stein, Licht, Weg und Wasser wirkten als Instrumente. Der Kreis wurde zu einem Palast ohne Mauern und doch mit Türen. Wer sie zu öffnen wusste, regierte nicht durch lautstarke Befehle, sondern durch verlässliche Choreografien. Die Bühne war gesetzt. Die Zuschauer waren zugleich Mitspieler. Die Politik entstand im Gehen, im Stehen, im Schenken und im Erinnern. Stonehenge hielt all das zusammen und machte es sichtbar.

Die Menschen: Bauleute, Pilger und Eliten

Stonehenge ist ohne die Menschen, die es planten, errichteten, nutzten und erinnerten, nicht zu verstehen. Die Steine verweisen auf technische Meisterschaft und astronomische Orientierung, doch hinter ihnen stehen Generationen, deren Lebenswege sich im Wessex-Raum kreuzten. Archäologische Funde erlauben Annäherungen an diese Lebenswelten. Sie zeigen eine Gemeinschaft, die sich aus Bauleuten, Pilgern und führenden Personen zusammensetzte, in der sich handwerkliche Spezialisierung, rituelle Pflichten, saisonale Mobilität und soziale Bindungen verbanden. Das Monument selbst wurde so zu einem Knotenpunkt, an dem Arbeit, Fest und Erinnerung verschmolzen.

Die Anthropologie der Region um Stonehenge stützt sich stark auf verbrannte Menschenknochen. In der frühesten Nutzungsphase wurde das Areal zu einem bedeutenden Brandgräberfeld. Viele der Aubrey-Löcher enthielten nach der Aushebung dieser kreisförmigen Gruben die Reste von Einäscherungen. Auch im Bereich des Kreisgrabens fanden sich Deponierungen verbrannter Knochen. Aus den fragmentierten Resten lässt sich ein demografisches Muster ableiten, das weder allein auf erwachsene Männer noch auf eine exklusive Auswahl von Individuen beschränkt war. Belegt sind Frauen und Männer sowie Kinder und ältere Erwachsene. Die Zahl der Bestatteten lag wahrscheinlich im dreistelligen Bereich. Die Abfolge der Deponierungen erstreckte sich über mehrere Jahrzehnte, möglicherweise über ein Jahrhundert. Daher deutet alles darauf hin, dass Stonehenge schon früh als Ort der Toten und als Gedächtnislandschaft galt, in der das Kollektiv durch rituelle Handlungen die Bindung an die Ahnen erneuerte.

Cremationen erschweren klassische anthropologische Analysen, doch bestimmte Merkmale bleiben lesbar. Fragmentgrößen und Brennfarben erlauben Rückschlüsse auf die Einäscherungspraxis. Temperatur und Dauer des Feuers waren offenbar kontrolliert, was auf eingeübte Rituale und spezialisierte Kenntnisse schließen lässt. Aus der Verteilung der Reste geht hervor, dass nicht jede Person in einem isolierten Grab lag. Mancherorts häuften sich die Fragmente mehrerer Individuen, was für eine kollektive Memoria spricht. In diese kollektiven Abläufe könnten gezielte Akte der Auswahl und Erinnerung eingebettet gewesen sein. Einzelne Fragmente zeigen Abnutzungen und Bruchkanten, die darauf hindeuten, dass Knochenreste nach der Einäscherung bewegt, sortiert oder in mehreren Schritten niedergelegt wurden. Die Anthropologie zeichnet damit das Bild einer Gemeinschaft, die Totenrituale nicht als punktuelle Handlung, sondern als Prozess verstand.

Isotopenanalysen ergänzen dieses Bild um die Dimension der Herkunft und Mobilität. Strontium- und Sauerstoffwerte aus Zähnen oder aus speziellen Knochenbereichen, die hohe Temperaturen überstehen, lassen sich mit geologischen Hintergründen verknüpfen. Einige der in Stonehenge verbrannten Personen wuchsen nicht in unmittelbarer Umgebung der Salisbury Plain auf. Die Signaturen passen zu

Regionen mit älteren Gesteinen wie Westwales. Dies korrespondiert mit der Herkunft der Blausteine, die aus den Preseli Hills stammen und in einer frühen Phase in das Monument gelangten. Nicht jede Person aus der Ferne muss an der Heranführung dieser Steine beteiligt gewesen sein, doch die Überschneidung von Materialflüssen und Lebenswegen ist bemerkenswert. Die Mobilität, die in den Isotopen sichtbar wird, betrifft nicht nur die Toten. Auch Tierzähne aus nahegelegenen Siedlungen zeigen Strontiumwerte, die auf weite Trecks verweisen. Schweine und Rinder wurden offenbar über viele Kilometer nach Wessex gebracht. Das setzt Logistik, Absprachen und weitreichende Netzwerke voraus.

Die Migrationspfade lassen sich als saisonale Schleifen vorstellen. Entlang von Flusssystemen und Kammwegen trafen Gruppen zu festgelegten Zeiten zusammen. Manche kamen wiederholt, manche nur einmal. Ein junger Mann konnte in den Preseli Hills geboren sein, später an die Kreidehochfläche ziehen und dort sterben. Eine Frau aus dem tieferen Westen konnte anderswo heiraten, Kinder bekommen und dennoch zu den großen Ritualen zurückkehren. Die Isotope halten Momentaufnahmen fest, doch die Lebensrealität war dynamisch. In diesem Gefüge scheint Stonehenge ein Ziel von Reisebewegungen gewesen zu sein, bei dem geographische Herkunft in soziale Zugehörigkeit überging. Wer sich auf den Weg machte, trug in den Zähnen die Signatur der Heimat, im Gepäck vielleicht ein kleines Objekt als persönliches Zeichen, und kehrte mit

Geschichten und Verpflichtungen zurück.
Die Ernährung der Beteiligten ist durch Knochenreste, Keramikanalysen und Siedlungsbefunde fassbar. In Durrington Walls, dem großen Siedlungsareal unweit von Stonehenge, dominiert Tierknochenmaterial von Schweinen und Rindern. Schnittspuren, Verbrennungsmerkmale und die Verteilung der Knochen deuten auf gemeinschaftliche Mahlzeiten hin. Keramikgefäße enthalten Rückstände von Milch und Milchprodukten. Dies spricht für eine Kombination aus Fleischverzehr und Milchnutzung, die sich saisonal variierte. Während der großen Winterfeiern könnten Schweine eine zentrale Rolle gespielt haben. Rinder lieferten nicht nur Fleisch, sondern auch Milch und Zugkraft. Fisch und Getreide waren vermutlich Teil des Alltags, treten aber im archäologischen Signal weniger hervor als die Massenschlachtungen während der Feste. Diese Feste setzten Vorratshaltung, Arbeitsteilung und klare Zeitpläne voraus. Der Energieaufwand für Transport und Bauarbeiten verlangte gehaltvolle Kost. Die Ernährung zeigt folglich eine enge Verflechtung von Ritual und Ökonomie.
Gesundheit und Arbeitsbelastung lassen sich an Steinsiedlungen schwer messen, doch skelettär überlieferte Vergleichsfunde aus dem Umland liefern Anhaltspunkte. Abnutzung an Zähnen deutet auf diätetische Gewohnheiten und auf den Gebrauch der Zähne als Werkzeug. Gelenkveränderungen und Muskelansatzstellen an langknochigen Skeletten, die nicht verbrannt wurden, zeigen wiederkehrende Belastungen. Das Heben, Ziehen, Tragen

und Stemmen schwerer Lasten gehörte zum Leben jener, die Steine schleppten, Gräben aushoben und hölzerne Gestelle errichteten. Kleinere Verletzungen wie Prellungen und Verstauchungen waren Alltag. Heilerfahrungen und Pflegekompetenzen waren in der Gemeinschaft vorhanden. Heilen bedeutete nicht nur Kräuter und Verbände, sondern auch soziale Unterstützung. Wer sich verletzte, brauchte Nahrung, Schutz vor Witterung und eine Pause von den härtesten Arbeiten. Die Gemeinschaft musste diese Ausfälle auffangen, was für robuste Netzwerke spricht.

Geschlechterrollen in dieser Welt bleiben der direkten Beobachtung entzogen, doch die Befundlage wehrt einfache Schemata ab. Verbrannte Reste beider Geschlechter liegen in unmittelbarer Nähe und in ähnlichen Kontexten. Eine strenge Trennung ritueller Rechte ist archäologisch nicht erkennbar. Gleichzeitig ist Spezialisierung wahrscheinlich. Steinbearbeitung verlangt Erfahrung, Auge und Geduld. Das Errichten der Lintelkränze und das passgenaue Setzen der Zapfenverbindungen setzten Übung voraus. Holzarbeiten an Schlitten, Rollen, Hebelbäumen und Gestellen stellten ein eigenes Wissen dar. Seilherstellung erforderte Materialkenntnis und Technik. Töpferei, Lederverarbeitung, Textilproduktion und die Organisation von Vorräten waren ebenfalls spezialisiertes Handwerk. Wer diese Rollen ausfüllte, lässt sich nicht nach modernen Kategorien ordnen. Die archäologische Stille rät zur Vorsicht. Sichtbar ist vielmehr ein arbeitsteiliges Gefüge, das auf Kontinuität und Weitergabe gründete.

Spezialisierung heißt auch Lernwege. Wissen über das Gestein der Marlborough Downs und die Blausteine aus dem Westen musste überliefert werden. Es gab erfahrene Setzer, die die Lage der Achsen kannten und die Reihenfolge der Handgriffe bestimmten. Es gab geübte Zimmerer, die hölzerne Gerüste planten. Es gab Menschen, die Nahrungsströme lenkten. In den Siedlungen lebten Familien mit Kindern und älteren Personen. Kinder wuchsen in diese Arbeitsrhythmen hinein. Jugendliche trugen Wasser, brachten Holz, hielten Werkzeuge, lernten Knoten und Signale. Ältere gaben Rat, erzählten, mahnten zur Vorsicht und kannten die Geschichten der Ahnen. Auch wenn die Spuren der Einzelnen verblassen, zeichnet die Dichte der Aufgaben das Bild eines sozialen Körpers, der neue Generationen in Rituale und Techniken einführte.

Um das abstrakte Bild mit Leben zu füllen, können biografische Fallbeispiele formuliert werden, die sich eng an die Befundlage anlehnen und exemplarisch die Spannweite sozialer Positionen zeigen. Dafydd sei ein junger Mann aus dem Westen, aufgewachsen in einer Landschaft aus Fels und Moor. Seine Zähne tragen die Signatur älterer Gesteine. Er schließt sich einer Gruppe an, die über Wochen Flüsse kreuzt und Höhenzüge folgt. In Wessex hilft er beim Richten von Holzgestellen, lernt, wie Seile in Wasser eingeweicht werden, damit sie geschmeidiger sind, und sieht zum ersten Mal den hellen Glanz der Kreidelandschaft. Während der Wintersonnenwende erlebt er ein Fest, das er später daheim schildern wird. Jahre später kehrt er zurück. Er bringt

Geschenke mit und einen jungen Verwandten. In den Ritualen findet er eine zweite Heimat. Seine verbrannten Knochen werden schließlich in der Nähe der alten Gruben niedergelegt. Seine Geschichte verdichtet, was Isotope und Brandreste nahelegen.

Mara sei eine erfahrene Töpferin. Ihre Gefäße sind groß und dickwandig, innen hart geschliffen. Sie weiß, welche Mischungen die Hitze großer Feuer aushalten, und wie man Kessel so platziert, dass Fett nicht überfließt. In Durrington Walls richtet sie zusammen mit anderen eine Reihe von Herden ein. Sie organisiert Holz, stellt Helfer ein, die Wasser holen, und kocht dicke Eintöpfe. In den Gefäßen gerinnen Milchprodukte, später reinigen Frauen und Männer die Kessel mit Kräutern, die Gerüche binden. Die Fragmente ihrer Keramik werden in Gruben entsorgt, nachdem die Feste vorüber sind. Später liest die Archäologie die Abläufe aus Scherben und Rückständen. Maras soziale Position ergibt sich aus Können und Verlässlichkeit. Sie ist keine unauffällige Figur, sondern eine Person, deren Arbeit die Gemeinschaft nährt.

Bran sei ein Steinsetzer. Er stellt sich dem Wind entgegen, schätzt die Neigung eines Blocks und kennt die Gefahr eines schiefen Kippens. Die Gruppe, mit der er arbeitet, hat ihre eigenen Zeichen und Abläufe. Einer ruft, ein anderer sichert, ein dritter prüft die Zapfen. Brans Arme sind kräftig, seine Handknochen verdickt von harter Arbeit, seine Knie tragen Spuren häufigen Kniens. Er ist stolz auf die glatten Kanten der Lintel und auf die exakte Passung. Was er tut, hat rituelles

Gewicht, doch er spricht eher über Winkel und Fugen als über Mythen. Seine Autorität wächst aus Erfahrung. Jüngere hören auf ihn, wenn er sagt, wann der richtige Moment zum Anheben ist. Sein Leben zeigt, wie Technik und Ritual in einer Hand liegen können.

Elen sei eine Reisende. Sie begleitet Verwandte, bringt ein Kind zur Welt und verbringt Monate in einem provisorischen Haus in Durrington Walls. Ihr Alltag ist geprägt von Routinen, doch die Feste unterbrechen den Rhythmus. Sie trägt Schmuck aus organischen Materialien, der im Boden nicht erhalten ist. Sie singt während der Prozessionen und kennt die Lieder, mit denen Verstorbene verabschiedet werden. Wenn sie älter ist, lehrt sie jüngere Frauen die Zeichen der Wege. Ihr Leben verbindet Pflegearbeit, Kultpraxis und Mobilität. Die Gesellschaft, die Elen trägt, misst Status nicht allein in Objekten. Anerkennung entsteht auch aus Fürsorge, Gedächtnisleistung und Ritualkompetenz.

Neben solchen exemplarischen Lebensentwürfen zeugen konkrete Bestattungen der Frühbronzezeit in Stonehenge-Nähe von weitreichenden Kontakten. Einzelne Gräber mit reichen Beigaben belegen Personen mit besonderem sozialem Gewicht. Manche dieser Toten wuchsen nicht im Süden Britanniens auf. Ihre Zahnwerte weisen auf kontinentale Regionen oder auf entfernte Teile der Insel. Sie brachten Techniken und Stile mit, die im Gefüge der Wessex-Welt Prestige erzeugten. Metallarbeiten, neue Formen von Bögen oder Verzierungen lassen sich als Marker einer sich wandelnden Gesellschaft lesen. Solche Personen standen wahrscheinlich in Beziehung zu den Ritualorten, auch wenn sie zeitlich später lebten als die ersten großen Bauphasen. Ihr Glanz nutzte die Aura des Monuments, und das Monument steigerte den Glanz der Personen.

Soziale Position bildete sich in Wessex aus mehreren Komponenten. Herkunft konnte Rang verleihen, musste aber durch Gabe und Gegen-Gabe bestätigt werden. Spezialisierte Arbeit verlieh Ansehen, das jedoch nur in Gemeinschaft fortdauerte. Rituelle Rollen machten sichtbar, wer sprechen, singen oder handeln durfte, wenn die Sonne den Wendepunkt erreichte. Führungspersonen zeichneten sich nicht allein durch Besitz aus, sondern auch durch die Fähigkeit, Menschen und Dinge in Bewegung zu setzen. Wer Schweineherden koordinierte und Dauerkontakte zu fernen Gruppen pflegte, wurde gehört. Wer die Achse des Monuments benennen konnte und den richtigen Zeitpunkt für das Anzünden der Feuer kannte, genoss Vertrauen. Das soziale Gewebe war damit keine starre Pyramide, sondern ein System aus überlappenden Kreisen, deren Schnittmenge die Feste bildeten.

Arbeit und Fest bildeten ein Paar, das die Gemeinschaft hervorbrachte. Die große Logistik eines Festes verdichtete Aufgaben aus vielen Händen. Holz musste geschlagen, getrocknet und herangeschafft werden. Fleisch musste herangetrieben, geschlachtet und verteilt werden. Keramik musste gebrannt, gereinigt und wieder in Umlauf gebracht werden. Kinder wurden beaufsichtigt, ältere Personen begleitet. Lieder wurden einstudiert, Trommeln gestimmt,

Wege gereinigt. Während der Rituale verschoben sich die Hierarchien. Wer im Alltag Holz spaltete, trug die Fackeln. Wer sonst kochte, leitete nun Gesänge. Wer am Stein arbeitete, stand eine Zeit lang abseits und überließ die Bühne den Hütern der Worte. In diesen Verschiebungen erprobte die Gesellschaft ihre Flexibilität und erneuerte ihre Bindungen.

Feste waren auch Gelegenheiten, Wissen zu tauschen. Menschen aus den Tälern der walisischen Berge trafen auf Leute von den Marlborough Downs. Handwerker beobachteten einander. Ein Zimmerer konnte eine neue Steckverbindung sehen und sie später in der eigenen Region ausprobieren. Ein Töpfer konnte eine neue Gefäßform studieren und sie an lokale Tonmischungen anpassen. Ein Sänger konnte einen Refrain mitnehmen, der dort schon alt war, und ihn an einen neuen Ort tragen. So entstand eine kulturelle Strömung, in der geistige und technische Innovationen zirkulierten. Stonehenge wirkte wie eine Schleuse, in der das Wasser der Ideen beschleunigt hindurchfloss.

In dieser Strömung war Erinnerung das Bindemittel. Die Cremationen gaben dem Ort das Gewicht von Ahnen, deren Asche die Erde durchsetzte. Die Steine standen als sichtbare Marker, die an die Taten der Lebenden erinnerten und die Präsenz der Toten rahmten. Für Pilger war der Weg selbst Teil der Erinnerung. Der Marsch über die Kreidekämme, die Annäherung entlang der Avenue, das Erreichen der Sichtachse im Morgenlicht der Sommersonnenwende oder in der Dämmerung der Wintersonnenwende prägte sich ein. Wer einmal dort gewesen war, trug nicht nur Geschichten heim, sondern auch Verpflichtungen. Er oder sie sollte zurückkehren, andere mitbringen, Gaben tauschen, ein Versprechen erneuern. So webte das Monument ein Netz aus Wegen und Worten.

Die Arbeitsökonomie der großen Projekte ließ sich nur halten, wenn Versorgung gesichert war. Tierknochenreste zeigen eine bewusste Planung der Schlachtzeitpunkte. Junge Schweine liefern zartes Fleisch, doch der Aufwand der Aufzucht lohnt sich nur, wenn der Zeitpunkt des Festes feststeht. Rinder können als lebende Vorräte dahinziehen und liefern bei Bedarf Milch. Ein Teil der Logistik bestand darin, den richtigen Mix zu finden, damit niemand hungert und dennoch Überschuss die Großzügigkeit der Gastgeber demonstriert. Großzügigkeit war eine soziale Kraft. Wer gab, konnte fordern. Wer speiste, konnte sprechen. Wer zusah, lernte, was es heißt, später selbst auszurichten.

Neben Ernährung und Logistik zeigen Werkspuren, wie Wissen durch Generationen floss. Glatte Kanten an Sarsenblöcken sind nicht nur Ergebnis harter Schläge, sondern auch Ausdruck einer Vorstellung von Form. Ein Kranz aus aufliegenden Steinen verlangt, dass Winkel, Krümmungsradien und Höhenlagen übereinstimmen. Solches Formwissen kann nicht allein spontan entstehen. Es ist das Resultat vieler Versuche, von Korrekturen, von Gesprächen am Rand der Baustelle. Jemand entdeckte, dass das Befeuchten von Sand beim Richten die Haftung verbessert. Jemand bemerkte, dass eine bestimmte Holzart für Keile länger hält. Jemand führte ein Zeichen ein, das Verwechslungen verhindert. Die archäologische Oberfläche zeigt Endzustände. Dahinter steht ein System lebendiger Ausbildung.

Die Führungsschicht, die diese Prozesse bündelte, war sichtbar und unsichtbar zugleich. Sie trat bei großen Ereignissen hervor und zog sich danach wieder zurück. Ein Teil ihres Prestiges kam von der Fähigkeit, überregionale Kontakte zu halten. Ein anderer Teil kam aus der Beherrschung der Zeichenwelt, die den Ort strukturierte. Es scheint, als hätten führende Personen darauf geachtet, dass Innovationen in vertraute Erzählungen eingebunden wurden. So blieb Stonehenge sowohl offen für Neues als auch stabil in seiner Bedeutung. Dieser Balanceakt erklärt, warum der Ort über Jahrhunderte attraktiv blieb, obwohl sich Rituale wandelten und Technologien sich veränderten.

Die Frage nach Pilgern führt zu einer letzten Perspektive auf die Menschen von Stonehenge. Pilger sind nicht bloß Besucher. Sie sind Teil eines Systems reziproker Erwartungen. Wer aufbricht, nimmt Mühen auf sich und investiert in Hoffnung. Wer ankommt, erwartet Resonanz. Diese Resonanz wird erzeugt durch Rituale, durch Gastfreundschaft und durch die Präsenz von Zeichen, die als verlässlich gelten. Stonehenge bot eine auffällige Achse im Jahreslauf. Es bot eine sichtbare Verbindung zu Toten und zu Landschaft. Es bot Feste, in denen man essen, singen, hören, sehen und handeln konnte. Es bot Gelegenheiten, alte

Konflikte zu entschärfen und neue Bündnisse zu knüpfen. Pilgerschaft war damit nicht nur religiöse Praxis, sondern auch politischer und ökonomischer Austausch.

So blickt das Kapitel der Menschen auf ein Geflecht aus Wegen, Arbeiten, Gaben und Erinnerungen. Die Bauleute, deren Hände schmerzhaft, aber geübt waren, stehen neben den Hütern der Lieder und den Organisatoren der Vorräte. Die Pilger, deren Strontiumwerte aus der Ferne sprechen, bringen den Ort zum Leuchten, weil sie ihm Geschichten zuführen und Geschichten mitnehmen. Die Eliten, deren Gräber im Umland glänzen, verankern ihre Stellung in einer rituellen Geltung, die ohne die Gemeinschaft nicht funktionieren würde. Biografische Skizzen wie die von Dafydd, Mara, Bran und Elen illustrieren, wie sehr individuelle Lebenswege und kollektive Prozesse zusammengehören. Stonehenge war nicht nur Steinkreis, sondern eine Bühne, auf der Menschen aller Lebensalter und vieler Herkünfte Rollen spielten, die sich im Jahreslauf und über Generationen hinweg wiederholten und erneuerten.

Die Gemeinschaft entstand durch Arbeit und Feste. Arbeit ohne Fest wäre Last geblieben. Fest ohne Arbeit wäre leere Pose gewesen. Erst die Verbindung beider erzeugte Bindung, Stolz und die Bereitschaft, wiederzukommen. Diese Verbindung erklärt, warum über die Jahrhunderte hinweg neue Phasen begannen, alte endeten und doch die Idee eines besonderen Ortes fortbestand. Stonehenge bündelte menschliche Energie, bis der Fokus sich verschob und andere Zentren die Rolle übernahmen. In der Verdichtung der

Spuren lässt sich erkennen, wie eine Gesellschaft sich selbst organisierte, ohne Schrift und ohne zentrale Bürokratie, allein durch geteiltes Wissen, durch die Magie gemeinsamer Zeiten und durch die Macht der Erinnerung.

Astronomie und Himmelsbeobachtung

Die Himmelsbeobachtung gehört zu den ältesten kulturellen Praktiken der Menschheit. Wer auf der offenen Ebene von Salisbury Plain steht, erlebt eine Landschaft, in der der Horizont weit und übersichtlich verläuft und in der Wetter, Licht und Jahreszeiten unübersehbare Zeichen setzen. In dieser Landschaft entstand ein Monument, dessen Achsen und Formen in ein präzises Verhältnis zu Sonne und Mond gebracht wurden. Stonehenge wirkt wie eine Bühne, auf der die großen Bewegungen des Himmels in irdische Architektur übersetzt wurden. Das Zusammenspiel von Stein und Licht, von Blickrichtungen und Prozessionswegen ist der Schlüssel, um seine astronomische Dimension zu verstehen.

Im Zentrum der Diskussion steht die Ausrichtung des Monuments auf die Sonnenwenden. Die Anlage folgt einer klaren Sichtlinie von Südwesten nach Nordosten. Wer sich im inneren Bereich positioniert, blickt entlang dieser Achse im Hochsommer zum Sonnenaufgang und im Hochwinter zum Sonnenuntergang. Zwei Momente markieren gegensätzliche Wendepunkte des Jahres. Am Morgen der Sommersonnenwende steigt die Sonne nahe der sogenannten Heel Stone auf, die als markanter Marker an der Avenue steht. Der Eindruck eines gezielten Zusammenspiels von Stein, Horizont und Licht ist stark. Im Winter liegt der Fokus spiegelbildlich auf der gegenüberliegenden Richtung. Die Sonne sinkt am kürzesten Tag des Jahres auf die Achse zu und verschwindet über der weiten Ebene. Diese Beziehung zwischen Blickachse und extremer Sonnenstellung ist in den großen sarsenen Trilithen sichtbar, deren Hufeisen sich zur Südwestseite öffnet und den Raum zum winterlichen Sonnenuntergang hin orientiert.

In der Forschung wuchs die Einsicht, dass der Winter von besonderer Bedeutung gewesen sein könnte. Darauf deuten Schlacht- und Festspuren im nahen Durrington Walls hin, die auf Zusammenkünfte in der dunklen Jahreszeit verweisen. Ein solches saisonales Kulminationsereignis erklärt, warum die Hauptachse Stonehenges nicht nur den weithin bekannten Sommeraufgang betont, sondern gleichermaßen den winterlichen Untergang. Die Architektur lenkt den Blick nicht in den abstrakten Himmel, sondern auf exakt jene Punkte, an denen die Bahn der Sonne ihre Extremwerte annimmt. In einer Landschaft mit niedrigen Horizonten und großem Himmelsausschnitt können kleine Winkelabweichungen große Wirkung entfalten. Die Bauenden nutzten diese Eigenschaft und schufen Sichtfenster, Durchblicke und Vordergrundmarken. Die Lintel des Sarsenkreises bilden einen gleichmäßigen Kranz. Zwischenräume und Höhenkanten reagieren sensibel auf Lichtbänder, die zu bestimmten Zeiten flach über die Ebene streichen. Die Avenue, die als Prozessionsweg vom River Avon heraufführt, bindet die Achse in die Landschaft ein und schafft eine Choreografie von Bewegung und Blickrichtung. Wer den Weg beschreitet, erlebt die Himmelsachse als eine Folge von Annäherungen, Öffnungen und Kulminationen.

Die astronomische Dimension beschränkt sich aber nicht auf die Sonne. Auch der Mond wurde vermutlich beobachtet.

Sein Zyklus ist komplexer. Neben dem monatlichen Wechsel von Neumond, Halbmond und Vollmond spielt ein langsamer Knotenzyklus eine Rolle, in dem sich die maximale nördliche und südliche Stellung der Mondbahn am Horizont verschiebt. Dieser Zyklus dauert etwas mehr als achtzehn Jahre. In Phasen des sogenannten großen Mondstillstands erreicht der Mond besonders extreme Aufgangs- und Untergangspunkte, in Phasen des kleinen Mondstillstands fallen diese Punkte merklich enger aus. Solche seltenen Extrema lassen sich an Landmarken fassen und über Generationen weitergeben. In der Diskussion zu Stonehenge wird seit langem gefragt, ob Teile der Anlage gezielt so gesetzt wurden, dass sie diese Mondextreme sichtbar und erinnerbar machten. Das Auge sucht in der Geometrie stets nach Regelhaftigkeit, die kombinierte Ausrichtung mehrerer Elemente könnte also ein Hinweis sein.

Eine besondere Rolle spielen die Station Stones, vier ehemals aufgestellte Steine am äußeren Rand des Monumentes, von denen zwei erhalten sind. Sie bildeten ein leicht gedrehtes Rechteck. Dessen Diagonalen schneiden sich in der Nähe der zentralen Achse der Anlage. Es wurde vorgeschlagen, dass die langen Seiten des Rechtecks ungefähr parallel zur Linie der Sonnenwenden verlaufen, während die kurzen Seiten auf Richtungen zeigen, die den Extremen der Mondaufgänge und -untergänge nahekommen. Die Geometrie liefert eine Art Raster, das von der Architektur aufgegriffen wird. Im Idealfall wählt man ein Rechteck, dessen Proportionen bestimmte Winkel aufspannen, so dass sich Sonnen- und Mondpunkte auf den Horizont übertragen lassen. Ob dieses Rechteck in Stonehenge bewusst so konzipiert wurde oder ob sich die Übereinstimmung aus der Gesamtorientierung der Anlage ergab, wird differenziert diskutiert. Klar ist, dass die Station Stones eine geordnete äußere Struktur markieren, die sich nicht allein aus praktischen Gründen erklärt. Sie treten als geometrische Partner zum inneren Steinkranz auf und erweitern die Anlage nach außen, hin zu Blickpunkten, die astronomisch bedeutsam sein können.

In diesem Zusammenhang wird oft auf die Zahl und Ordnung der Aubrey-Löcher verwiesen, die als früheste runde Strukturen des Monuments gelten. Es sind sechsundfünfzig Vertiefungen, die einen Kreis bilden. Man hat aus dieser Zahl zyklische Rechenmöglichkeiten abgeleitet. Drei Zyklen des großen Mondstillstands ergeben ziemlich genau sechsundfünfzig Jahre. Man kann sich ein System vorstellen, in dem Markierungssteine von Loch zu Loch wandern und auf diese Weise seltene Konstellationen signalisiert werden. Solche Modelle sind attraktiv, weil sie Gedächtnishilfen in einer schriftlosen Kultur plausibel machen. Gleichzeitig liegt der Reiz in der eleganten Zahl. Es gibt Alternativen, die die sechsundfünfzig als baulogische oder rituelle Gliederung erklären. Sicher ist nur, dass Kreiszahl, Abstand und Gleichmäßigkeit keine Zufälle sind. Ob daraus ein Recheninstrument für Mondzyklen entstand, ist möglich, aber nicht beweisbar.

Die Geometrie des Steinkreises selbst zeugt von hoher Planungsgenauigkeit. Der Sarsenkreis besitzt einen nahezu gleichmäßigen Durchmesser. Die Lintel wurden so zugerichtet, dass sie auf dem Ring leicht gekrümmt sind und eine fast horizontale Oberkante bilden. Zapfen und Pfannen sichern die Verbindung und machen aus einzelnen Blöcken ein konstruktives Ganzes. Die inneren fünf Trilithen werden in der Höhe abgestuft, so dass ein dramaturgischer Effekt entsteht: eine steinerne Kulisse, die den Blick fokussiert. In dieser Kulisse liegt die erwähnte Achse, die aus der Geometrie nicht wegzudenken ist. Viele Untersuchungen haben auf Module hingewiesen, mit denen die Bauenden Maß hielten. Manche sprechen von einem wiederkehrenden Maßschritt, der in Radien, Achsabständen und Steinabständen wiederkehrt. Ob es sich um eine standardisierte Maßeinheit handelte oder um ein erfahrungsgesättigtes Bauen mit Seilen und Stäben, ist zweitrangig. Entscheidend ist, dass die Anlage von innen heraus auf eine Ordnung verpflichtet wurde, in der Linien, Kreise und Rechtecke sich gegenseitig stützen.

Vor diesem Hintergrund stellt sich die Kernfrage, ob Stonehenge als Kalender gedacht war oder ob die astronomischen Bezüge eher eine kultische Inszenierung tragen. Das Kalender-Modell geht davon aus, dass die Ausrichtung auf die Sonnenwenden die Jahreszeiten verankert und die Zeitrechnung stabilisiert. Ein festes Signal am Himmel verknüpft den sozialen Rhythmus mit der Natur. Das ist plausibel, denn in einer agrarisch geprägten Welt haben Saat, Weide, Jagd und Festzeiten einen saisonalen Takt. Ein wiederkehrender Beobachtungsort mit kollektiver Geltung wäre dafür ideal. Eine Gruppe kann sich versammeln, die Beobachtung gemeinsam bestätigen und den Startpunkt einer Jahresphase ausrufen. Der so markierte Tag dient als Fixpunkt für Verabredungen und Rituale, die anschließend im Jahreslauf verortet werden. Das Kalender-Modell nimmt also eine praxisnahe Lesart ein. Stonehenge wäre demnach eine Art Kalenderanker in Monumentalform, dessen Genauigkeit durch den großen Himmelsausschnitt der Ebene zusätzlich begünstigt wurde.

Das Kult-Modell widerspricht dem nicht, verschiebt aber die Gewichtung. Danach nutzt die Gemeinschaft die Sonnenwenden und Mondextrema vor allem als symbolische Marker. Die Achsen des Monuments verbinden irdischen Raum mit der Ordnung des Kosmos. Wer an der Sommersonnenwende die Avenue hinaufzieht, erfährt die Welt als geordnetes Ganzes. Das Licht taucht die Steine in eine besondere Stimmung. Wer zur Wintersonnenwende dem Untergang entgegensieht, nimmt die Wiederkehr des Lichts vorweg. In diesem Modell sind Himmelsereignisse nicht in erster Linie Messpunkte, sondern Sinngeber. Sie schaffen Anlässe, an denen Feste, Übergangsrituale und Ahnenkult verdichtet werden. Die Prozession vom Fluss zum Stein, von Holz zu Stein, von Leben zur Erinnerung spannt eine Brücke über den Jahreslauf. Die genaue Ausrichtung hilft, diese Momente zu verlässlich inszenieren. Die Funktion wäre dann nicht ein Rechenbrett, sondern ein Heiligtum, das seine Kraft aus dem Gleichklang von Architektur und Himmel bezieht.

Wahrscheinlich spiegelt Stonehenge eine Kombination beider Lesarten. Ein kultischer Ort kann zugleich ein Kalendersignal tragen. Der Nutzen, wichtige Saisonpunkte zu verankern, erklärt die Beständigkeit der Achse. Die rituelle Dimension erklärt die aufwendige Gestaltung und die Einbindung in eine Prozessionslandschaft, die vom River Avon heraufführt und mit weiteren Monumenten verknüpft ist. Der Gedanke einer Doppelbedeutung bewahrt vor der Falle, Architektur auf eine einzige Funktion herunterzubrechen. Vieles in Stonehenge wirkt wie bewusstes Mehrdeutigmachen. Ein Stein kann Grenze, Marker und Symbol zugleich sein. Ein Durchblick kann Sichtfenster und ritueller Rahmen zugleich sein. Ein Weg kann Logistikroute und Prozessionslinie zugleich sein. Diese Überlagerung passt zur archäologischen Evidenz, die Nutzung, Umbau und Neuinterpretation über Jahrhunderte hinweg zeigt.

Parallelen in Europa helfen, die astronomische Qualität solcher Anlagen zu ordnen. In Irland zeigt Newgrange die Kraft der Wintersonnenwende auf eindrucksvolle Weise. Ein schmaler Lichtschacht erlaubt es dem ersten Licht des kürzesten Tages, tief in eine Kammer vorzudringen und den Innenraum zu erhellen. Die Planung ist so präzise, dass ein seltenes Zusammenspiel von Winkel, Höhe und Distanz gelingt. Ein ähnlicher Effekt wird in Orkney im Grab von Maeshowe beobachtet, das auf den winterlichen Sonnenuntergang ausgerichtet ist. Solche Beispiele belegen, dass die Vorstellung, Himmelsereignisse in Architektur einzuschreiben, weit verbreitet war. Sie zeigen zugleich, wie unterschiedlich die Lösungen ausfallen können. Newgrange arbeitet mit Dunkelheit und einem extrem feinen Lichtfaden,

Stonehenge mit dem offenen Horizont und massiver Kulisse. In Schottland wird Callanish oft mit dem Mond in Verbindung gebracht. Die Ausrichtung mehrerer Steinreihen scheint auf die Extrempunkte der Mondbahn zu reagieren, die im Rhythmus des langen Knotenzyklus auftreten. Wer die Phänomene kennt, kann sie suchen und in Stein markieren. Diese Vielfalt an Lösungen spricht dafür, dass astronomische Aufmerksamkeit in der Vorgeschichte mehr war als bloße Neugier. Sie gründete in kulturellen Konzepten von Zeit, Raum und Ordnung.

Dennoch sind klare Grenzen der Interpretation zu benennen. Archaeoastronomie lebt von Winkeln, Linien und statistischen Prüfungen, muss aber mit archäologischen Befunden und Baugeschichte korrespondieren. Ein Risiko besteht darin, aus späteren Trümmern eine ursprüngliche Genauigkeit abzuleiten, die nicht mehr belegbar ist. Viele Steine wurden versetzt, manche fehlten schon in historischen Zeiten. Rekonstruktionen sind nötig und unvermeidbar, bringen aber Unsicherheiten. Ein weiteres Risiko liegt in der Auswahl. Wer viele Linien auf viele Horizonte legt, wird zwangsläufig Treffer finden. Das gilt besonders in einer flachen Landschaft. Hier hilft nur strenge Methodik. Man fragt, ob eine Linie durch mehrere unabhängige Elemente bestätigt wird, ob Bauteile unterschiedlicher Phasen dieselbe Richtung betonen, ob benachbarte Monumente ähnlich ausgerichtet sind und ob rituelle Praktiken zur vermuteten Bedeutung passen. Eine Achse wird überzeugender, wenn sie zugleich Prozessionsweg, Blickfenster und Haupteingang

ordnet. Ein Horizontpunkt gewinnt an Gewicht, wenn dort tatsächlich Geländeformen liegen, die als Marker dienen.
Auch die Himmelsmechanik selbst setzt Rahmenbedingungen. Die Lage der Sonnenwenden ändert sich über Jahrtausende nur in sehr kleinem Maß. Der Neigungswinkel der Erdachse variiert langsam, was die exakte Aufgangsrichtung minimal verschiebt. In der Zeit Stonehenges war der Winkel etwas größer als heute. Der Effekt ist messbar, aber nicht groß. Wer die Achse damals auf die Extrema ausrichtete, hätte auch heute noch eine gute Nähe zur richtigen Richtung. Beim Mond sind die Verhältnisse komplizierter. Der Knotenzyklus von etwas mehr als achtzehn Jahren verschiebt die Extrema über den Horizont. Solche Bewegungen sind mit bloßem Auge gut beobachtbar, erfordern aber Geduld und kollektives Gedächtnis. Ein Monument, das Mondextrema markieren will, muss entweder eine breite Richtung fassen oder mehrere Marker vorsehen, die zusammen das Band der möglichen Stellungen abbilden. Das Rechteck der Station Stones liefert dafür eine denkbare Lösung, weil es die Achse ergänzt und mit Querlinien arbeitet.
Die Frage nach einer spezifischen Zahlensymbolik war früh präsent. Regelmäßige Abstände, Kreisgliederungen und wiederkehrende Zählungen laden zu mathematischen Deutungen ein. Die Idee einer einheitlichen Maßeinheit, die in vielen Megalithanlagen angewendet wurde, hat die Debatte geprägt. Manche sehen in Stonehenge Indizien für einen durchdachten Maßkanon, andere verweisen auf die

Bandbreite der Messungen und auf die plastische Anpassung an Baustoffe und Gelände. Für die astronomische Deutung ist entscheidender, dass Ordnung und Wiederholung vom Plan gewollt sind. Ob die Zahl sechsundfünfzig eine Rechenhilfe für den Mond war oder eine rituelle Vollzahl, wirkt auf die Gesamtsicht weniger stark als die unstrittige Tatsache, dass Achsen und Rechtecke astronomisch sinnvolle Richtungen markieren.

Die Landschaft verleiht dem Ganzen eine weitere Dimension. Der River Avon als Zubringer, die Avenue als aufsteigende Linie, die Sichtbeziehung zu Durrington Walls und zu weiteren Henges und Grabhügeln bilden einen Korridor, in dem sich Bewegung und Blick verstärken. Ein solches Setting erlaubt kultische Handlungen, die mit astronomischen Momenten zusammenfallen. Man kann sich Szenen vorstellen, in denen eine Gruppe den Fluss verlässt, die aufsteigende Avenue passiert, am Heel Stone einen ersten visuellen Marker setzt und in die Steinkulisse eintritt, genau zu dem Zeitpunkt, an dem die Sonne oder der Mond den gewünschten Punkt erreicht. Das Monument ist dadurch nicht nur ein Ziel, sondern selbst Werkzeug, das den richtigen Moment fühlbar macht. In einem solchen Modell wird klar, warum eine streng geometrische Ordnung nötig war. Sie garantiert Wiederholbarkeit und damit Verlässlichkeit.

Vergleiche mit Avebury und den Orkney-Inseln zeigen, dass unterschiedliche Monumentformen unterschiedliche astronomische Möglichkeiten bieten. Ein freier Kreis mit mächtigen Einzelsteinen setzt eher großwinklige Richtungen und markiert Bandbreiten, ein Ganggrab präzisiert einen einzigen Lichtstrahl. Stonehenge kombiniert beides, denn die Kulisse der Trilithen fokussiert, während der offene Kreis und die äußeren Marker die Breite der Himmelsbewegungen aufnehmen. Diese Kombination macht die Anlage so besonders. Sie erlaubt ein fein justiertes Verhältnis aus ritueller Dramaturgie und wiederkehrender Himmelskorrespondenz.

Die Grenzen astronomischer Interpretationen zwingen dennoch zur Bescheidenheit. Nicht jede Linie trägt Bedeutung. Nicht jeder Treffer ist intendiert. Die Gefahr, dass kulturelle Erwartungen an Präzision auf die Vergangenheit projiziert werden, ist real. Moderne Beobachtung liebt exakte Winkel, antike Praxis liebte wiederkehrende Momente. In einer Kultur, die mit Festen, Erzählungen und überlieferten Wegen arbeitet, kann eine Abweichung von einem Grad bedeutungslos sein, sofern das Ereignis zuverlässig erlebt wird. Deshalb sollten Aussagen zur Messgenauigkeit von Stonehenge nie von heutigen Instrumenten her gedacht werden. Wichtiger ist, ob die Anlage die Erfahrung von Wende, Wiederkehr und Ordnung erzeugt. Darin ist sie erfolgreich.

Als Fazit ergibt sich ein Bild, in dem Stonehenge die Bewegungen von Sonne und Mond in ein System von Achsen, Kulissen und Wegen übersetzt. Die Sommersonnenwende wird in Richtung und Marker aufgefangen, die Wintersonnenwende gewinnt im inneren Hufeisen eine besondere Rolle. Der lange Mondzyklus kann in der äußeren Ordnung Hinweise hinterlassen haben, insbesondere im Rechteck der Station Stones und in der Zählung der frühen Kreisgliederung. Die Anlage wirkt damit wie ein Knotenpunkt von Kalenderwissen und Kultpraxis. Sie verknüpft das Bedürfnis nach zeitlicher Verankerung mit dem Bedürfnis nach symbolischer Verdichtung. Wer die Ebene von Salisbury Plain durchwandert, sieht an Stonehenge die seltene Verbindung von Landschaft, Geometrie und Himmel. Gerade diese Verbindung erklärt, warum die Diskussionen lebendig bleiben. Jede neue Messung, jede Rekonstruktion eines Steins, jede digitale Simulation der Himmelslage gibt dem Bild Nuancen. Die große Linie bleibt jedoch stabil. Stonehenge inszeniert die Extrempunkte des Jahreslaufs und macht aus astronomischen Tatsachen ein kulturelles Ereignis. In diesem Sinn ist es weder reines Observatorium noch bloße Kultstätte, sondern eine allumspannende Anlage, die den Menschen seiner Zeit die Erfahrung von Ordnung und Wandel zugleich ermöglichte.

Die Parallelen zu Newgrange, Maeshowe und Callanish stützen die Deutung, dass Himmelsbezüge im prähistorischen Europa kein Randphänomen waren. Besonders die winterliche Wende steht häufig im Mittelpunkt. Das ist kein Zufall. Sie markiert nicht nur den astronomischen Wendepunkt, sondern auch einen sozialen. In der dunkelsten Zeit werden Gemeinschaft, Erinnerung und Hoffnung auf Neubeginn verdichtet. Stonehenge setzt dem eine monumentale Form, die durch ihre Achsen verlässlich bleibt und durch ihre Kulisse ergreifend wirkt. Diese Kraft erklärt, warum die Beobachtung des Himmels hier über Jahrhunderte hinweg eingebunden und immer wieder neu geordnet werden konnte. Der Himmel bewegte sich, die Steine standen, und zwischen beidem lag die Erfahrung einer Welt, die im Großen wie im Kleinen geordnet ist. So entstand ein Ort, an dem das Jahr seine Kante zeigt, der Mond seinen weiten Bogen schlägt und Menschen die Gewissheit finden konnten, dass Zeit wiederkehrt. Diese Gewissheit ist der eigentliche Kern der astronomischen Dimension Stonehenges. Sie ist zugleich Wissen, Ritual und Erzählung und macht das Monument bis heute zu einem der eindrucksvollsten Spiegel des Himmels auf Erden.

Warum endeten Umbauten und Nutzungen?

Der Eindruck eines abrupten Abbruchs täuscht. Stonehenge erlebte keine einzige Stunde des Verstummens, sondern eine lange, vielschichtige Phase des Ausklingens, in der aus umfassenden Um- und Neubauten schrittweise seltenere Eingriffe wurden und schließlich nur noch Besuche, Deponierungen und Erinnerungspraktiken. Der Übergang von der Jungsteinzeit zur Frühbronzezeit veränderte Technologien, Werte und Sozialordnungen. Die Landschaft um das Monument wurde intensiver genutzt, Ressourcen wurden neu verteilt, Verkehrswege verschoben sich, Prestige und Macht wurden anders inszeniert. Am Ende dieses Prozesses stand ein Monument, das seine symbolische Leuchtkraft behielt, aber seine Rolle als Bühne großer Baukampagnen verlor. Es blieb Bezugspunkt, doch nicht mehr Werkstatt und Baustelle einer Gesellschaft, die sich innerhalb weniger Generationen neu erfand.

Am Beginn des Ausklangs steht der Schritt in eine Welt, in der Metallwerkzeuge, lange Fernverbindungen und differenzierte Besitzformen an Bedeutung gewinnen. In den Jahrhunderten um 2500 vor Christus dominieren noch monumentale Projekte, große Siedlungsagglomerationen wie Durrington Walls und die feierliche Nutzung des River Avon Korridors. Stein und Holz werden in gewaltigen Mengen bewegt, Festökonomien ermöglichen das Mobilisieren von Arbeitskraft, und gemeinsames Bauen stiftet Identität. Mit dem Aufkommen von Kupfer und kurz darauf Bronze verschiebt sich der Fokus. Technisches Können verdichtet

sich in der Herstellung ausgewählter Gegenstände, die nicht jedem zugänglich sind. Eine Axt aus Metall ist nicht einfach ein Werkzeug, sie ist ein Träger von Status und ein Beweis für die Einbindung in entfernte Netzwerke, die Erz und Wissen zusammenführen. Mobilität erhält eine neue Qualität, denn wer Metall will, muss Routen kontrollieren, Kontakte pflegen, Gegenleistungen erbringen. Diese Logik belohnt nicht mehr zwingend die Gemeinschaft, die ihre Kraft in ein einziges massives Bauwerk kanalisiert. Sie belohnt diejenigen, die Beweglichkeit, Zugriff und Austausch sichern. Das Gewicht des Prestiges verlagert sich vom Ort, der alle bindet, hin zu Objekten, die wenige besitzen und die in der Nähe des Körpers, in Häusern und in Gräbern zirkulieren.
Dieser Technologie- und Wertewandel greift tief in das soziale Gefüge ein. Die Bildsprache der Frühbronzezeit zeigt ein stärkeres Interesse an individueller Darstellung. Gürtelhaken, Dolche, Schmuckplatten, fein gearbeitete Beigaben sind nicht nur Attribute des Alltags, sie markieren Zugehörigkeit, Rang und Lebensweg. Bestattungen rücken ins Zentrum der Inszenierung. Der kreisrunde Hügel als Grabmal erscheint in großer Zahl auf den Höhen und Rücken rund um Stonehenge und überzieht das Wessex-Land mit einem neuen Muster. Das Grab wird zum Monument im Kleinen, in das Prestigeobjekte eingehen, die zugleich von Ferne erzählen. Es sind Hügel, die sich leichter errichten lassen als eine Trilithenreihe, die rascher ein sichtbares Zeichen setzen und schneller an eine Familie oder eine Gefolgschaft binden. Dadurch löst sich ein Teil jener

kollektiven Energie, die zuvor in monumentalen Ringen und Achsen konzentriert war.

Auch die Rituale ändern sich. Die großen Feste mit massenhaften Tierknochen und Spuren gemeinsamer Mahlzeiten, wie sie für die Zeit der intensiven Bautätigkeit im Umfeld des Monuments belegt sind, werden seltener. Was zuvor als zyklische Versammlung am Stein- und Holzkultplatz erlebt wurde, verlagert sich in neue Rhythmen und an neue Orte. Prozessionen zum Fluss, die Ausrichtung zur Sonnenwende, die dramatische Inszenierung von Übergängen im Jahreslauf bleiben kulturell wirksam, doch die Art ihrer Durchführung wandelt sich. Die Avenue mit ihrer Ausrichtung auf die Wintersonnenwende markiert weiterhin eine Wegdramaturgie, aber die Bautätigkeit am Steinkreis wird nicht weiter gesteigert. Stattdessen entstehen kleine, wiederholbare Formen der Erinnerung, die leichter zu organisieren sind und näher an Siedlungen und Familienstrukturen liegen. Die lebendige Landschaft aus Henges, Pfostenringen und Wegen wird von einem Netz aus Grabhügeln, Flurgrenzen und aufstrebenden Knotenpunkten überlagert. Der Bezug zur Sonne, zu Jahreszeiten und zu Ahnen bleibt, doch er erhält eine kleinteiligere Bühne.

Die Umwelt liefert eine zweite, stille Linie der Erklärung. Die Kreidelandschaften um die Salisbury Plain sind fruchtbar, solange sie klug genutzt werden. In Phasen intensiver Bewirtschaftung drohen Erosion und Nährstoffentzug, wenn Brachezeiten verkürzt oder Wälder zu schnell gerodet werden. Dass die Landschaft schon in der Jungsteinzeit großflächig geöffnet war, ist deutlich. Mit der Frühbronzezeit nehmen Feldsysteme und dauerhafte Flurteilungen zu, die den Raum in Nutzungszonen gliedern. Zugleich deuten verschiedenste naturwissenschaftliche Hinweise in weite Teile Nordwesteuropas auf klimatische Schwankungen, auf feuchtere Phasen und kühlere Episoden. Solche Veränderungen erzwingen Anpassungen in Anbau und Viehhaltung, sie verschieben die Balance zwischen Ackerbau und Weide, beeinflussen die besten Zeiten für Transporte und Versammlungen und erhöhen das Risiko großer Unternehmungen. Ein Monument wie Stonehenge lebt von planbarer Überschussproduktion, von freien Händen in überschaubaren Zeitfenstern und von der Sicherheit, dass eine Kampagne über Wochen und Monate durchgeführt werden kann. Wenn Witterung und Erntezyklen instabiler werden, schrumpfen die sicheren Fenster. Die Gemeinschaft setzt ihre Ressourcen vorsichtiger ein. Es ist naheliegend, dass unter solchen Bedingungen Projekte bevorzugt werden, die skalierbar und notfalls unterbrechbar sind, wie der Bau einzelner Grabhügel oder das Setzen kleiner Markierungen an neuen Wegen.

Diese Änderungen in der Umwelt verknüpfen sich mit einer dritten Linie, der Nutzung der Landschaft als Kommunikationsraum. Das Chalkland war nie isoliert. Die Flüsse verbinden es mit der Küste, die Höhenrücken mit anderen Becken und Ebenen. In dem Maße, in dem Erz und Metall zirkulieren, verdichten sich bestimmte Routen. Knotenpunkte entstehen dort, wo Rohstoffe, Handwerk und

Austausch zusammenfallen. Einige dieser Knoten liegen nicht im direkten Schatten von Stonehenge, sondern öffnen neue Schwerpunkte. In Wessex selbst konkurrieren Bauten und Zentren um Aufmerksamkeit, darunter Avebury mit seinem großartigen Henge und die spielerische Überwältigungskraft von Silbury Hill. Weiter westlich locken Ressourcen und neue Werkstätten. Entlang der Küsten und in Übersee gewinnt die Verbindung zu Regionen an Gewicht, in denen Metall verarbeitet wird und wo Prestigeobjekte ihren glanzvollen Ursprung haben. Prestige wandert mit den Objekten und weniger mit der Verpflichtung, an einem Ort zu dienen, dessen Bedeutung vielen gehört. In dieser Geopolitik der Frühbronzezeit verliert ein einzelnes Monument keinen Sinn, aber es muss ihn neu verhandeln.

Der Bedeutungswechsel zeigt sich auch im Inneren des Monuments. Spuren der Setzungen, Umstellungen und Verdichtungen belegen, dass man immer wieder in die Ordnung der Steine eingriff, bis sich die Form stabilisierte, die heute sichtbar ist. Danach überwiegen Zeichen der Nutzung als Erinnerungsort, etwa die Beigabe von Funden in Gruben und das Umgehen bestimmter Achsen. Der Sarsenkranz, die Trilithen und die Position der Blausteine werden nicht weiter erweitert. Statt aus dem Zustand des Werdens bezieht Stonehenge seine Aura nun aus dem Zustand des Gewordenseins. Die Perfektion des Lintelkranzes, die straffe Achsialität zum solstitialen Licht, die sorgfältig gefassten Schwellen erzeugen eine in sich geschlossene Bühne. Auf dieser Bühne lässt sich feiern, beklagen und erinnern, doch sie ruft nicht mehr nach schwerem Gerät, nach Hebeholz und gespannten Seilen. Die Werkstatt schweigt, der Tempel spricht.

Der neue Schwerpunkt auf Bestattungen in Grabhügeln verstärkt die Dezentralisierung. Rund um Stonehenge entstehen Gruppen von Hügeln, die in Sichtbeziehung zum Steinkreis stehen, jedoch eigene soziale Räume markieren. Hier werden einzelne Personen hervorgehoben. Beigaben erzählen von Fernkontakten, von Kupfer und Gold, von sorgfältig gearbeiteten Klingen. Diese Gräber wirken wie kleine Bühnen, die in großer Zahl eine Landschaft der Erinnerung bilden. Sie verankern Zugehörigkeit dichter am Alltag, denn der Hügel liegt nahe am bekannten Weg, am Feld, an der Siedlung. So entsteht ein Netz von Orten, das Stonehenge umgibt und ihm zugleich das Monopol auf Erinnerung nimmt. Der Kreis bleibt Fixpunkt am Horizont, doch die Handlungen verteilen sich.

Die Verschiebung von Netzwerken erklärt auch, weshalb große Baukolonnen seltener wurden. Wer die besten Metallobjekte beschaffen oder weitergeben will, muss Mobilität sichern, Pfade schützen, Verbindlichkeiten einhalten. Das bindet Ressourcen und Führung. Es macht Sinne, Gefolgschaft nicht mehr monateweise für einen einzigen Ort festzulegen, sondern in kleineren, flexiblen Aufgaben zu führen. Austausch wird zu einer Abfolge von Missionen, nicht zu einer fortwährenden Bautätigkeit. Jene, die vormals als Planer, Spezialisten und Vorarbeiter die großen Kampagnen koordiniert hatten, finden neue

Aufgaben. Sie organisieren Transporte, sichern Handelskontakte oder inszenieren Bestattungen, in denen die neue Sprache der Dinge spricht. Wissen wandert, Autorität verdichtet sich in Händen, die über seltene Güter verfügen. Das ist kein Niedergang, sondern ein Umbau der sozialen Maschine, die Prestige erzeugt.

Es gehört zur Wahrheit dieses Niederschwingens, dass Stonehenge dennoch nicht verstummte. Die Ausrichtung auf die Wintersonnenwende blieb ein Ereignis mit magnetischer Kraft. Der Fluss blieb Übergangsraum. Wege wurden weiterhin genutzt, auch wenn sich ihre Bedeutung wandelte. Die großen Aufmärsche aus der Bauzeit wurden zu kleineren Prozessionen, zu Pilgerfahrten in engeren Kreisen, vielleicht zu familiären Wiederkehrsritualen. Die Feiertage verschoben sich in den Kalender von Häusern und Grabhügeln. Zugleich verstärkte sich das Bedürfnis, die Steine zu schützen. Mit der Stabilisierung der Form ging eine Haltung einher, die das Monument als vollendet verstand. Vollendung steht in Spannung zu Umbau. Wer das perfekte Band der Lintel einmal hat, verändert es ungern. Die Integrität des Bauwerks wird selbst zum Wert.

Der Blick auf die Zeitskala lässt das Abebben wie eine Folge von Entscheidungen wirken, die jede für sich plausibel ist. In einer Generation ist Metall knapp und begehrt, in der nächsten beginnt es, Alltagswerkzeug zu ergänzen. In einer Saison sind die Erträge unsicher, also werden die Arbeiten an die Ernte angepasst, im kommenden Jahr verschiebt sich die Priorität zugunsten eines Grabprojekts für einen Einzelnen, der gerade die Gemeinschaft repräsentiert. Ein Sturm zerstört eine Brücke am River Avon, also wählt man für den Transport anderer Güter eine Umgehung, die nicht mehr an Stonehenge vorbeiführt. Eine neue Siedlung entsteht auf einer Kuppe mit weiten Blicken, dort sammeln sich Menschen zu Festen und beginnen, eine eigene Tradition zu entwickeln. Aus Dutzenden solcher Schritte bildet sich jene neue Karte der Landschaft, auf der Stonehenge weiterhin eingezeichnet ist, aber nicht mehr als Nabel, sondern als einer von mehreren Polen.

Konkurrenz ist in diesem Zusammenhang kein Kampf, sondern ein Nebeneinander starker Orte. Avebury mit seinem gewaltigen Durchmesser und der Vielzahl umliegender Monumente zieht Aufmerksamkeit und Arbeitskraft an. Silbury Hill erhebt sich als künstlicher Berg und fordert eine andere Art des Staunens heraus. In Dorchester bildet Mount Pleasant einen weiteren Brennpunkt. Der Norden mit seinen Steinreihen und Kreisen hält eigene Traditionen lebendig, die Inseln im Westen pflegen Verbindungen über das Meer. Wer sich in solchen Landschaften bewegt, findet eine Vielzahl von Gründen, woanders zu verweilen. Die Menschen binden ihre Geschichten an unterschiedliche Horizonte. Das reduziert nicht die Bedeutung von Stonehenge, es relativiert sie. Ausdruck dieser Relativierung ist die Verteilung der Grabhügel. Viele sehen den Steinkreis, aber sie schauen auch zu anderen Zeichen.

So entsteht das Bild einer Gesellschaft, die den Wert des Festen neu austariert. Stein bleibt Bedeutungsträger, aber

Metall wird zum Dynamiker. Erbe bleibt wichtig, doch mobilisierte Gabe und Gegengabe gewinnen an Gewicht. Der Ahnenkult bleibt präsent, allerdings mit einer stärkeren Konzentration auf einzelne Biografien. Das gilt auch für Wissensweitergabe. Das Spezialwissen des Hebens, Setzens und Verzinkens der Lintel war in der Bauphase zentral. Danach verschiebt sich die Expertise in Richtung Metallbearbeitung, Fernhandel, rituelle Choreografie kleinerer Formen und Verwaltung von Ressourcen. Diese Verschiebung reduziert die Notwendigkeit, die architektonische Maschine von Stonehenge erneut zu starten. Die Frage nach einer letzten Bauphase, einem letzten Eingriff oder einer letzten Prozession führt in die Grauzonen archäologischer Zeit. Es gibt keine einzige, große Schlusslinie, sondern mehrere Linien, die sich überlagern. An der einen zeigt sich, dass nach einer stabilen Endgestalt nur noch Reparaturen oder kleine Umstellungen vorkommen. An einer anderen verdichtet sich die Bestattungstätigkeit in der Umgebung, während im Inneren zunehmend die Performanz des Ortes zählt. Wieder eine andere Linie verfolgt die Verbreitung von Bronze und die Ausweitung der Netzwerke, die den Süden Englands mit weiter entfernten Regionen verbinden. Alle zusammen ergeben einen Prozess, in dem die Nutzungen weniger werden, die Beweggründe sich ändern und die Traditionen in neue Formen ausweichen.

Diese Erklärungslinien gewinnen zusätzliches Gewicht durch den schieren Aufwand, den weitere Umbauten bedeutet hätten. Selbst mit Metallwerkzeugen bleibt das Setzen eines

Sarsen ein Vorhaben, das den Willen ganzer Gruppen bindet, Wege freihalten muss und Risiken birgt. In einer Zeit, die stärker von der Logik des Umlaufs geprägt ist, erscheint eine solche Bindung unwirtschaftlich. Stattdessen wählt man Projekte, die schneller Prestige erzeugen. Eine vergoldete Scheibe oder ein fein gearbeiteter Dolch lässt sich zeigen, verschenken und in Gräber einbringen. Die Wirkung ist unmittelbar, die Konkurrenz unter Eliten wird sichtbarer. Ein Umbau am Steinkreis ist weniger greifbar in dieser Logik, denn er gibt Prestige an den Ort, nicht an eine Person. Prestigeökonomie wird individueller, und individuelle Prestigeökonomie bevorzugt bewegliche Zeichen.

Wenn der Blick auf den Jahreslauf gelenkt wird, bleibt die Wintersonnenwende dennoch als Fixpunkt bestehen. Die Sonne, die den Horizont am Avenue Ende berührt, ist ein naturgegebenes Ereignis, das die Generationen verbindet. Gerade weil Stonehenge nicht mehr umgebaut wird, kann es in dieser Rolle verlässlich sein. Die Verlässlichkeit stärkt den Ort als Kalender, als Brücke zwischen Zeiten. Sie macht ihn nicht überflüssig, sondern spätwerkhaft. In späteren Jahrhunderten, wenn sich Grabhügelgruppen schließen und Netzwerke erneut verschieben, bleibt der Kreis als Erkennungszeichen einer Vergangenheit, auf die man sich berufen kann. Dass spätere Epochen das Monument anders lesen, liegt schon in dieser Zeit angelegt. Ein Ort, der aufgehört hat, Baustelle zu sein, eignet sich besonders als Erinnerungsraum.

Die Klima- und Ressourcendynamik dieser Jahrhunderte

wirkt auch auf die Symbolik. Holz und Stein sind in der Jungsteinzeit Teil einer dichten Semantik, in der Holz für das Vergängliche und Lebendige steht, Stein für Dauer und Ahnen. In der Frühbronzezeit gesellt sich Metall dazu, nicht als Ersatz, sondern als Katalysator. Es verbindet das Bewegliche mit dem Dauerhaften, weil es beides kann. Es erlaubt leichte Transportketten und erzeugt zugleich langlebige Objekte. Dadurch wird das Spannungsverhältnis zwischen Holz und Stein neu justiert. Die großen Holzbauten verlieren an Relevanz, die großen Steinbauten werden konserviert. Metall setzt die Bühne neu, ohne die alten Zeichen zu löschen.

Am Ende dieses langen Übergangs steht das, was in der Landschaft zu beobachten ist. Stonehenge ist umgeben von Hügeln, die in Gruppen auftreten, als hätten sie das Monument in einen Ring tausender kleiner Erinnerungszeichen gelegt. Diese Hügel sind nicht beliebig platziert. Sie stehen an Wegen, Buchten, Kuppen und Sichtachsen. Wer sich bewegt, sieht immer wieder ein Zeichen und weiß sich in einer Landschaft, die von Ahnen und Geschichten durchzogen ist. Stonehenge bildet den großen Rahmen am Horizont, die Hügel die Kapitel. Wer in einer solchen Landschaft lebt, muss nicht mehr bauen, um Zugehörigkeit zu zeigen. Er kann sie abgehen, erzählen, weitergeben. In diesem Sinn endet die Bautätigkeit nicht als Verlust, sondern als Vollendung einer Architektur, die in die Landschaft überläuft.

Der Abschied von großen Umbauten ist also kein Rätsel,

sondern das Ergebnis eines Wandels, der Technik, Werte, Sozialstruktur und Umwelt verknüpft. Die Frühbronzezeit bringt die Logik des Zirkulierens, die Aufwertung des Individuums, die Verdichtung von Netzwerken, die neue Sensibilität für Ressourcen. Sie bringt auch die Entscheidung, ein perfektes Monument als solches zu belassen. Stonehenge verliert nicht an Bedeutung, es gewinnt einen anderen Modus der Bedeutung. Die Menschen wenden sich Orten zu, die näher am Alltag liegen, und Objekten, die näher am Körper sind. Die Landschaft wird zur Galerie, in der Stonehenge als Meisterwerk hängt, das man nicht mehr übermalt. So endet das Bauen, nicht aber die Beziehung der Menschen zu den Steinen. Die Beziehung verlagert sich in Wege, Blicke, Feste und Geschichten, in eine Topografie des Erinnerns, die aus vielen kleinen Zeichen besteht. In dieser Topografie hat Stonehenge seinen festen Platz, als ruhender Pol in einer Welt, die beweglicher geworden ist.

Mythen, Legenden und symbolische Deutungen

Mythen und Legenden um Stonehenge gehören zur Geschichte des Monuments ebenso wie die Steine selbst. Sie bilden ein Echo der Fragen, die über Jahrhunderte gestellt wurden, und sie erzählen davon, wie Gemeinschaften mit Rätseln umgehen, die sich dem schnellen Zugriff entziehen. Während Ausgräber Profile ziehen, Schichten beschreiben und Daten modellieren, formen Erzähltraditionen Bilder, die in Köpfen und Herzen haften bleiben. Die Spannung zwischen belegbarer Erkenntnis und erzählerischer Deutung ist kein Mangel, sondern ein Motor der Aufmerksamkeit. Sie lenkt Blicke, stiftet Sinn, erzeugt Reibung, verführt mit einfachen Antworten und inspiriert zugleich zu neuer Forschung. In dieser vielstimmigen Zone zwischen Wissen und Vermuten stehen der Merlin-Mythos, Geschichten von Riesen und Teufeln, neuzeitliche Druidenbilder, esoterische Deutungen und die Popkultur nebeneinander. Gemeinsam prägen sie, wie Stonehenge gesehen wird und wofür es steht. Der Merlin-Mythos nimmt einen besonderen Platz ein, weil er eine poetische Erklärung für das scheinbar Unmögliche anbietet. Er spricht von einem Magier, der Steine aus einem fernen Land holt und sie mit List, Zauber und technischem Wissen versetzt. Diese Erzählung spiegelt zwei Kernelemente, die auch die Forschung bewegen. Erstens die Ferne der Blausteine, deren Herkunft in den walisischen Bergen liegt. Zweitens die Frage, wie Menschen ohne Eisen und ohne Zugtiere tonnenschwere Blöcke bewegen konnten. Die Legende löst beides auf elegante Weise. Sie ersetzt

Transport mit Zauber und begründet die Auswahl der Steine mit verborgenen Kräften, Heilwirkungen und einer Erinnerung an eine andere Zeit. Der Mythos hat eine Botschaft, die über die Handlung hinausreicht. Er behauptet, dass Wissen und Macht aus der Verbindung von Verstand und Ritual entstehen. Darin liegt die anhaltende Faszination.

Geschichten von Riesen kehren in vielen Landschaften Europas wieder, sobald beeindruckende Steine in Reihen, Kreisen oder Haufen auftreten. Riesen sind in diesen Erzählungen Baumeister, deren Schritte Täler verbinden, deren Hände Felsen tragen, deren Spiele Steinkreise hinterlassen. Stonehenge fügt sich nahtlos in dieses Muster. Die monumentale Wirkung der Sarsenblöcke und der elegant gefügten Decksteine drängt geradezu eine Erklärung jenseits normaler Maßstäbe auf. Die Riesenlegende ist zugleich eine soziale Deutung. Sie benennt eine Distanz zwischen der Vorstellung der Gegenwart und der Leistung einer fernen Vergangenheit. Wenn ein Bauwerk viel größer erscheint als die eigene Lebenswelt, dann erhebt sich die Frage nach übermenschlicher Kraft. In der Benennung dieser Kraft verschiebt sich der Respekt vor einer unbekannten Technik in eine Erzählung über Wesen, die außerhalb der Ordnung des Alltags stehen.

Teufelsgeschichten treten hinzu, wo Furcht, Grenzerfahrung und moralische Ordnung im Spiel sind. Ein häufiges Motiv lautet, der Teufel habe die Steine im Zorn geworfen oder als Strafe für menschliche Vermessenheit verstreut. Der Kreis erhält in dieser Lesart eine dunkle Aura. Er wird zu einem

Ort, an dem man besser schweigt, sich heimlich trifft oder die Nähe meidet. Solche Deutungen erklären nicht nur, warum ein Monument erschreckt, sondern strukturieren auch den Umgang damit. Sie begründen Tabus und Rituale, warnen Kinder, legitimieren verbotene Neugier und liefern eine Bühne für Mutproben. Der Teufel ist in diesen Erzählungen kein theologischer Lehrsatz, sondern eine dramatische Figur. Er hilft, ein Gefühl der Ambivalenz zu fassen. Wer die Steine als schön und bedrohlich zugleich erlebt, findet in der Teufelsgeschichte Worte für beides.

Das neuzeitliche Bild des Druiden hat der Wahrnehmung Stonehenges tief eingeprägt. Es entstand nicht aus Beobachtungen am Ort, sondern aus gelehrten Vorstellungen, antiquarischen Skizzen und der Romantik eines Zeitalters, das in Megalithen die Bühne einer edlen Urreligion sah. Der Druide wurde zum Symbol eines naturverbundenen Priesters, der den Lauf der Sonne beobachtet, Opfer bringt, Gesetze spricht und die Gemeinschaft führt. Dieses Bild prägte Illustrationen, Reiseberichte und frühe Museumsräume. Es färbte Kunst und Literatur und schuf eine Brücke zwischen Monument und Gegenwart. Durch die Figur des Druiden wurde Stonehenge zum Tempel, auch wenn die Forschung zeigt, dass der Bau weit älter ist als die keltischen Gesellschaften, in denen historische Druiden belegt sind. Der Irrtum macht das Motiv nicht bedeutungslos. Er erklärt, wie stark die Sehnsucht nach einer verlorenen Einheit von Natur, Ritual und Gemeinschaft ist.

Im 19. und 20. Jahrhundert wuchsen aus dem Druidenbild lebendige Traditionen. Gruppen wählten die Steine als Kulisse für Feiern zur Sommersonnenwende und zur Wintersonnenwende. Rituale verbanden Gesang, Stille und den Blick auf die Horizontlinie, an der die Sonne aufging oder sank. Menschen gaben sich Namen, legten weiße Gewänder an, trugen Eichenlaub und sprachen Worte, die eine Abstammung von einer alten Weisheit behaupteten. Wer daran teilnahm, suchte weniger archäologische Wahrheit als eine Erfahrung von Sinn und Zugehörigkeit. Solche Ereignisse veränderten den Ort. Der Steinkreis war nicht nur Ziel von Forschung und Tourismus, sondern Schauplatz einer Gegenwartsreligion. Gleichzeitig wuchs die Notwendigkeit, die fragile Substanz zu schützen. Regeln zur Zugänglichkeit, Abgrenzungen, Absprachen und neue Wege entstanden aus der Spannung zwischen Feier und Erhalt.

Parallel dazu gewann eine esoterische Deutungskraft an Boden, die den Raum als Knotenpunkt unsichtbarer Energien verstand. In dieser Sicht liegen Monumente auf Linien, die durch die Landschaft ziehen und Orte verbinden. Wer diese Linien geht, meint Kraftströme zu spüren. Kristalle werden aufgelegt, Hände ausgestreckt, Atemrhythmen geordnet. Der Steinkreis wird zur Batterie, die auflädt, heilt und weckt. Manche lesen in den Proportionen des Bauwerks einen Code, der kosmische Gesetze abbildet. Andere deuten Klang und Echo zwischen den Blöcken als Pforte zu veränderten Bewusstseinszuständen. Aus all dem entsteht ein zeitgenössischer Pilgerort. Menschen reisen an, um zu meditieren, um Antworten auf persönliche Fragen zu finden oder um ein Lebensereignis zu markieren. Die archäologische Deutung verliert dadurch nicht an Wert. Sie teilt den Raum mit einer Sinnsuche, die nicht nach Beweisen fragt, sondern nach Wirkung.

New Age Strömungen verknüpften diese Energiebilder mit Erzählungen über prähistorische Astronomie, verlorenes Wissen und Kontakte zu anderen Welten. Stonehenge wurde in dieser Sicht zum Nachrichtenknoten einer alten Menschheit, die den Himmel verstand, weil sie in einem größeren Bewusstseinsverband lebte. Der Gedanke, dass der Kreis einen Kalender bilde, übersetzte sich in die Hoffnung auf einen Plan, der den Lauf des Lebens erklärt. Bücher, Vorträge und Workshops speisten einen Markt der Deutungen. Dabei wandelte sich das Monument von einem archäologischen Gegenstand zu einer Projektionsfläche, auf die Wünsche und Ängste geworfen werden. In dieser Praxis liegt zugleich eine soziale Wahrheit. Orte, die stark sind, ziehen Bedeutungen an. Sie werden zu Spiegeln, in denen sich Gegenwart erkennt.

In der Kunst hat Stonehenge eine erstaunliche Wandlungsfähigkeit bewiesen. Zeichner und Maler des 18. und 19. Jahrhunderts stellten den Kreis als Ruine im dramatischen Licht dar. Dunkle Wolken, flackernde Sonnenstrahlen, ein tiefer Horizont und einsame Figuren vermittelten Erhabenheit. Das Bauwerk erschien als Zeuge einer längst untergegangenen Zeit. Später erzeugte die Fotografie neue Bilder. Nebel legte sich um die Steine, der

Morgen tauchte sie in kühles Licht, der Abend verwandelte sie in Silhouetten. Künstler experimentierten mit Abstraktion, zerschnitten Linien, überlagerten Formen, um den Rhythmus des Kranzes und die Macht der Decksteine zu zeigen. Jede Epoche fand einen eigenen Ton. In manchen Bildern wirkt Stonehenge wie ein Maschinenraum der Geschichte, in anderen wie ein stiller Garten der Erinnerung.
Musik griff die Aura des Ortes ebenso auf. Komponisten schufen Sätze, die den Kreis als Trommeln im Erdreich hörbar machten. Soundkünstler arbeiteten mit Resonanzen, aufgenommen zwischen den Blöcken, verzögerten sie, schichteten sie übereinander und ließen daraus eine Klangarchitektur entstehen. Popmusik setzte Stonehenge als Symbol des Rätselhaften ein. Ein Cover, ein Bühnenbild, eine Referenz in einem Liedtitel genügte, um das Versprechen einer anderen Ordnung zu wecken. Auch Humor fand ein Feld. Wer eine Miniatur auf die Bühne stellte, spielte mit der Diskrepanz zwischen Erwartung und Wirklichkeit und traf damit ein Grundthema aller Mythen. Übersteigerte Größe und überraschende Kleinheit sind zwei Seiten derselben Faszination.
In der Popkultur erscheint Stonehenge als Ort, an dem alles möglich scheint. Romane nutzen den Kreis als Portal, Film und Serie setzen ihn als Kulisse ein, Videospiele machen ihn zum Level mit Rätseln, Codes und versteckten Wegen. Werbung verwendet die Silhouette, um Dauer, Zuverlässigkeit oder Geheimnis zu versprechen. Kinderbücher lassen Figuren zwischen den Steinen spielen

und lernen. Reiseführer zeigen Sonnenaufgang und Schatten, Social Media verbreitet Bilder, die den Ort in immer neue Filter tauchen. So verstärkt die Kulturindustrie, was die Legenden vorgemacht haben. Sie legt über das Monument Schichten von Geschichten, bis die Steine von Bedeutungen umstellt sind.

Mythen wirken nicht nur nach außen, sie beeinflussen auch Forschung und Vermittlung. Forscherinnen und Forscher arbeiten in einer Welt, in der Öffentlichkeit, Politik und Finanzierung Teil des Feldes sind. Ein Monument, das mit Zauber und Riesen aufgeladen ist, bekommt mehr Aufmerksamkeit als ein namenloser Acker. Dieser Effekt ist ambivalent. Wo die Erzählung Interesse weckt, findet die Archäologie Publikum, Lernbereitschaft und Unterstützung. Wo die Erzählung Behauptungen verfestigt, muss Forschung gegen Erwartungen arbeiten. Vermittlungsteams stehen daher vor einer doppelten Aufgabe. Sie nutzen die Sogkraft der Legenden und erklären zugleich, was archäologische Methode leisten kann und wo ihre Grenze liegt. Sie zeigen, wie Datierungen entstehen, wie Modelle gebaut werden und wie sich Hypothesen ändern, wenn neue Befunde vorliegen.

Die Wirkung der Mythen auf die Verwaltung des Ortes zeigt sich besonders deutlich an den Sonnwendnächten. Der Wunsch, die Wende des Jahres im Steinkreis zu erleben, ist unmittelbar und stark. Er hat religiöse, kulturelle und touristische Anteile. Er erzeugt Logistik, Sicherheitsfragen und intensive Abstimmungen. Der Ort wird für wenige Stunden zum Theater der Gegenwart, in dem Traditionen,

Selbstausdruck und Medienpräsenz den Takt bestimmen. Die Verwaltung übersetzt das in Regeln, Wegeführungen und Absprachen. Aus dem Wechselspiel von Bedürfnis und Schutz lernen alle. Wer am Morgen nach der Feier die Ruhe im Kreis erlebt, sieht Spuren, die entfernt werden müssen, und versteht, warum ein Monument auch Grenzen braucht.
Legenden formen zudem, wie Fragen gestellt werden. Wer mit dem Bild des Druiden anreist, fragt nach Altären und Opferplätzen. Wer an Energiepunkte glaubt, sucht Messinstrumente für Strahlung. Wer Riesen erwartet, denkt in Kategorien von Übermenschlichkeit, nicht in Systemen von Organisation und Arbeit. Diese Perspektiven sind nicht wertlos. Sie zeigen, wo Emotionen liegen. Sie sind Hinweise, wie Bildung und Vermittlung ansetzen können. Eine Führung, die daran anknüpft, kann die Erwartungen aufnehmen und zugleich verschieben. Sie kann zeigen, dass Ritual und Astronomie zusammengehören, dass Wege, Sichtachsen und die Choreografie des Raums mehr erklären als Geschichten von Zauber. So werden Legenden zu Brücken, nicht zu Mauern.
In der Forschung wirken Mythen mitunter als Prüfsteine. Eine starke Erzählung provoziert den Gegenbeweis. Sie stellt Hypothesen in den Raum, die sich überprüfen lassen. Wenn die Legende behauptet, die Steine seien unter übernatürlichen Umständen versetzt worden, dann fordert die Wissenschaft Verfahren heraus, die schwere Lasten mit einfachen Mitteln bewegen. Versuche mit Schlitten, Rollen und Seilen zeigen, was möglich ist, wenn viele Hände koordiniert arbeiten. Diese

Versuche sind keine Reaktion auf Spott, sondern auf die Frage, wie soziale Organisation und technische Intelligenz zusammenwirken. Die Legende setzt die Latte hoch. Die Forschung zeigt, dass Menschen sie aus eigener Kraft erreichen können.

Die symbolische Deutung des Kreises hat stets zwei Ebenen. Zum einen steht Stonehenge als Zeichen für Dauer. Die Steine trotzen Wetter, Zeit und Blicken. Sie stellen sich in die Landschaft, als hätten sie immer dort gestanden. Zum anderen steht der Kreis als Zeichen für Wandel. Er markiert Jahresläufe, bündelt Wege, wurde umgebaut, erweitert, neu geordnet. In der Verbindung von Dauer und Wandel liegt der Kern der Symbolkraft. Gemeinschaften greifen zu diesem Doppelbild, wenn sie Identität erzählen. Wer sein Land, seine Region oder seine Vergangenheit benennt, sucht Bilder, die Beständigkeit versprechen und zugleich Veränderung zulassen. Stonehenge bedient beides. Es ist ein altes Bauwerk, das sich neu erzählen lässt.

Die religiöse Dimension der Deutungen darf nicht unterschätzt werden. Es handelt sich nicht nur um Folklore, die man lächelnd zur Kenntnis nimmt. Für viele Menschen ist die Begegnung mit dem Kreis eine Grenzerfahrung zwischen Natur, Kultur und Transzendenz. Der Blick auf die Sonne über der Achse, das Gefühl der Weite, der Rhythmus der Steine und die Stille des inneren Raums erzeugen eine Lage, in der Sinnfragen aufbrechen. Wer in dieser Lage Worte findet, greift oft auf bekannte Muster zurück. Druiden, Riesen, Linien, Energien, Teufel und Magie sind Vokabeln, die das Ungewöhnliche benennen. In der Vermittlung gilt es, diese Vokabeln ernst zu nehmen, ohne sie zu bestätigen. Respekt und Klarheit sind keine Gegensätze.

Die politische Wirkung der Mythen zeigt sich in Debatten um Authentizität, Zugang und Deutungshoheit. Manche Gruppen sehen im Kreis ein Erbe, das ihnen in besonderer Weise zusteht. Andere betonen das Recht aller, an einem Weltkulturerbe teilzuhaben. Zwischen diesen Polen werden Kompromisse gesucht. Die Legende kann dabei als Verpflichtung gelesen werden. Wenn ein Ort ein Heiligtum ist, dann verlangt er einen Umgang, der über bloßen Konsum hinausgeht. Diese Forderung ist anschlussfähig, auch wenn die wissenschaftliche Deutung andere Schwerpunkte setzt. Aus ihr erwachsen Pflege, Respekt und die Einsicht, dass Besuch Verantwortung einschließt.

In der Bildung hat Stonehenge durch seine Legenden eine enorme Reichweite. Schulbücher greifen den Ort auf, weil er sich mit wenigen Strichen zeichnen lässt und sofort erkannt wird. Lehrkräfte nutzen ihn, um Epochenwechsel zu erklären, um zu zeigen, wie Ausgrabung funktioniert, oder um die Unterschiede zwischen Quelle und Deutung zu üben. Museen und Besucherzentren entwickeln Stationen, die die Grenze zwischen Mythos und Wissen sichtbar machen. Digitale Modelle erlauben, Zeiten zu überblenden, Sonnenstände zu simulieren und Bauphasen zu erkunden. Der Mythos wird zum Einstieg, die Methode zur Vertiefung. Wer so lernt, nimmt die Faszination mit und gewinnt ein Instrumentarium, um mit Zukunftsfragen umzugehen.

Im Tourismus wirkt der Mythenkranz wie ein leuchtendes Schild. Er zieht an, macht neugierig und verspricht Erlebnis. Reiseveranstalter und Medien greifen die stärksten Motive auf. Sie zeigen Sonnenwenden, Nebel, Silhouetten und berichten von Festen. Die Kunst besteht darin, die Balance zu halten. Ein Bild, das zu sehr vereinfacht, enttäuscht vor Ort. Ein Angebot, das nur die Archäologie in nüchternen Sätzen vorträgt, verfehlt die Sehnsucht nach Atmosphäre. Erfolgreich sind Formate, die beide Seiten verbinden. Sie erzählen, warum die Legenden entstanden sind, und zeigen, was heute wirklich zu sehen ist. So entsteht ein nachhaltiger Umgang mit Aufmerksamkeit.

Auch die Wissenschaftskommunikation profitiert von der Stärke der Legenden, wenn sie offen damit arbeitet. Eine klare Sprache, sichtbare Unsicherheiten und der Mut, Fragen stehen zu lassen, erhöhen die Glaubwürdigkeit. Wer erklärt, dass ein Datum eine Spannweite besitzt und eine Hypothese eine Prüfung braucht, nimmt dem Mythos nicht die Faszination. Er setzt einen anderen Reiz. Der Reiz der Aufklärung liegt im gemeinsamen Prozess. Er macht aus Zuschauern Beteiligte. Wer diese Haltung verinnerlicht, wird das Monument anders verlassen, als er es betreten hat. Er nimmt nicht nur ein Bild mit, sondern eine Methode.

Die Legenden verändern sich. Neue Medien erzeugen neue Formen. Ein kurzes Video schafft in Sekunden jene Stimmung, für die man früher viele Sätze brauchte. Ein Mem wandelt den Kreis in ein Zeichen für Ausdauer, Ironie oder Romantik. Künstler und Aktivisten setzen Stonehenge in

Szene, um eigene Botschaften zu verstärken. Das Monument bleibt dabei erkennbar. Es ist robust genug, um Bedeutungen zu tragen, und offen genug, um sie nicht zu versiegeln. Diese Offenheit ist kein Risiko, sondern eine Qualität. Sie macht den Ort lebendig. Sie erlaubt, dass Wissen wächst und Erzählungen sich wandeln.

Am Ende bleibt die Frage, welche Rolle Mythen und symbolische Deutungen im Gesamtverständnis spielen sollen. Eine nüchterne Antwort wäre, sie als historische Quellen der Deutungswelt zu lesen und ansonsten zur Tagesordnung der Befundlage überzugehen. Doch eine solche Trennung greift zu kurz. Mythen sind nicht nur alte Geschichten, sie sind lebendige Werkzeuge der Orientierung. Sie antworten auf Gefühle, die nicht durch Tabellen zu erreichen sind. Die Aufgabe besteht darin, die emotionale Intelligenz der Legenden mit der analytischen Stärke der Forschung zu verbinden. Wo das gelingt, wächst ein Verständnis, das sowohl respektvoll als auch kritisch ist.

Stonehenge ist dafür ein idealer Ort. Die Steine tragen Lasten der Bedeutung, ohne unter ihnen zu zerbrechen. Sie stehen in einer Landschaft, die seit Jahrtausenden Wege lenkt, Blicke bündelt und Gemeinschaften zusammenführt. Sie erlauben, über Herkunft und Zukunft zu sprechen, über Fest und Arbeit, über Tod, Erinnerung und Hoffnung. Der Merlin-Mythos, die Riesen und der Teufel, die Druiden der Neuzeit, Esoterik und New Age, Kunst, Musik und Popkultur, sie alle sind Fäden in einem Gewebe, das erst als Ganzes sichtbar wird. Wer es betrachtet, erkennt eine tiefe Konstante.

Menschen schaffen Orte, an denen sie die Ordnung der Welt erproben. Stonehenge ist ein solcher Ort. Die Forschung präzisiert, was geschah. Die Legenden erzählen, warum es bedeutsam ist. Aus der Spannung von beidem entsteht die anhaltende Kraft des Monuments.

Stonehenge im Spiegel der Moderne

Stonehenge ist in der Gegenwart ein Monument der Superlative. Es ist archäologische Stätte, Heiligtum einer lebendigen Ritualkultur, Forschungsobjekt, Touristenmagnet und weltbekanntes Symbol. Die Moderne spiegelt sich hier in Debatten über Schutz, Deutung und Nutzung. Die Kreidelandschaft zeigt noch immer offene Horizonte, doch um den Kreis der Sarsensteine spannt sich heute ein dichtes Geflecht aus Regeln, Plänen und Erwartungen. Vieles davon ist durch den Status als UNESCO Welterbe geprägt. Der Titel würdigt den außergewöhnlichen universellen Wert, der nicht nur aus den Steinen selbst resultiert, sondern aus der ganzen Kulturlandschaft mit Cursus, Rundhügeln, Wegen und dem Korridor zum River Avon. Die Welterbeeintragung bindet die Verwaltung an internationale Leitlinien, die die Unversehrtheit des Ortes sichern sollen. Dazu gehören klare Abgrenzungen der Kernzone und der weiter gefassten Pufferzone, in der Eingriffe besonders sensibel bewertet werden. In der Praxis bedeutet das Gutachten, Managementpläne, Risikoanalysen und geregelte Zuständigkeiten. Eigentum, Denkmalschutzrecht und die Rolle von Stiftungen und Behörden greifen ineinander. Dadurch entsteht eine Architektur des Schutzes, die nicht weniger komplex ist als die aus Stein.

Wer die Zufahrt zum Besucherzentrum nimmt, spürt diese Ordnung. Die Autos verschwinden früh vom Blick auf die Steine. Die Ausstellung vermittelt Befunde und Hypothesen, bevor Shuttlebusse die Besucher an den Rand des

Monuments bringen. Das ist Besucherlenkung im besten Sinn, denn die empfindliche Grasnarbe und die archäologischen Schichten darunter vertragen keinen Massenandrang. Zugleich zeigt sich hier der Spagat zwischen Zugänglichkeit und Bewahrung. Zeitfenster regeln den Eintritt, Wege sind markiert, Absperrungen wechseln je nach Witterung und Tragefähigkeit des Bodens. In den Abendstunden und zu besonderen Terminen öffnet sich der Kreis in anderer Weise. Wer zur Sommersonnenwende oder zur Wintersonnenwende kommt, erlebt ein Ritual, das sich über Generationen der Moderne zu einem eigenen Ereignis geformt hat. Es gibt Ordner, Sanitätsdienste, Absprachen mit Polizei und Gemeinden. Die Feiernden sprechen vom Recht auf Teilhabe an einem lebendigen Erbe. Die Verwaltung verweist auf Verantwortung und Sicherheit. Beide Seiten gehören längst zusammen.

Die größte Infrastrukturdebatte der letzten Jahrzehnte dreht sich um die Fernstraße, die in der Nähe des Monuments verläuft. Staus, Lärm und die Sichtbeziehung auf Asphalt und Fahrzeuge gelten vielen als ständige Störung. Daraus entstand die Vision, die Straße teilweise zu untertunneln. Befürworter versprechen einen Gewinn für das Landschaftsbild, weniger Lärm und ein würdigeres Umfeld. Gegner warnen vor Baugruben, Schachtbauwerken, Fluchtwegen, Grundwasserveränderungen und dem Risiko, bislang unerforschte Befunde zu zerstören. Im Raum steht die Frage, ob ein tiefgreifender Eingriff in eine Welterbelandschaft durch eine vermeintliche Verbesserung der Oberfläche gerechtfertigt ist. Es geht um Vertrauen in Bohrkerne und Grabungsschnitte, um Prognosen über Erschütterungen, um die Lage möglicher Fundareale, die bis heute nur durch Prospektionen bekannt sind. Es geht auch um Symbolik. Ein Tunnel verspricht, die Moderne unsichtbar zu machen. Die Archäologie mahnt, dass Unsichtbarkeit kein Beweis für Unberührtheit ist.

An einem nasskalten Wintermorgen steht die Restauratorin Priya am Zaun und sieht, wie Windböen die Fahnen an den Informationsmasten zerzausen. Sie hat die Laserabtastungen der Sarsenoberflächen betreut. Die Scans zeigen mikroskopische Veränderungen an Kanten, winzige Abplatzungen, Feineinträge in alten Schlagmarken. Priya sagt leise zu ihrem Kollegen Leon: „Diese Steine sind stark, aber sie sind nicht unverwundbar.“ Leon nickt. Er arbeitet an einem Modell, das die Lastverteilung in den Trilithen kalkuliert. Die Zapfenverbindungen zwischen Pfosten und Decksteinen halten seit Jahrtausenden, doch das Material altert. Frostsprengungen, Salzkrusten aus Staub und Schweiß, Stoßwellen aus der Ferne, Wurzelwerk im Untergrund, all das spielt eine Rolle. In der frühen Moderne wurden einzelne Steine neu aufgerichtet und in Stand gesetzt. Die Eingriffe dienten der Stabilität, doch sie schufen auch eine moderne Schicht der Geschichte, die heute selbst wieder bewahrt werden muss. Restaurierung bedeutet darum nicht Rückbau in einen vermeintlichen Urzustand. Restaurierung bedeutet, das überlieferte Gefüge mit seinen alten und jüngeren Spuren zu verstehen und zu sichern.

Die Pflege der Oberflächen ist ein Kapitel für sich. Flechten und Algen siedeln an den Sarsenblöcken, manche schützen, manche greifen an, manche verändern die Farbwirkung. Reinigen oder wachsen lassen, das ist keine rein ästhetische Frage. Priya prüft Proben im Labor und entscheidet dann gemeinsam mit der Denkmalpflege, was der Stein verträgt. Manches lässt man bewusst zu, damit das Mikroklima stabil bleibt. An anderer Stelle beschränkt man die Feuchtigkeit oder lenkt Trampelpfade um, um den Boden zu schonen. Aus der Distanz mag das pedantisch wirken. Aus der Nähe zeigt sich, wie schnell ein falsch gesetzter Schritt, eine unbedachte Berührung, eine unglückliche Wetterphase die Balance stören kann.

Im Hintergrund arbeitet eine zweite Ebene, die im Besucheralltag kaum auffällt. Managementpläne schreiben fest, wie Klimaentwicklungen, Starkregenereignisse und Trockenperioden in die Pflege einfließen. Der Boden auf der Kreide trocknet rasch aus, wird hart, reißt und wird dann in kurzer Zeit durch Gewitterregen wieder aufgeweicht. Solche Zyklen lassen die Tragfähigkeit schwanken. Großveranstaltungen werden daran angepasst. Der Shuttleverkehr reagiert auf Witterung und Kapazität. Digitale Buchungssysteme verteilen den Andrang. In den Ferien und an Wochenenden wird das Gelände mit zusätzlichem Personal geschützt. Diese Maßnahmen binden Ressourcen, doch sie machen das Monument für viele erlebbar, ohne es zu überfordern.

Das Gespräch über die Behandlung menschlicher Überreste

berührt den Kern der Ethik. In den Gräben, Gruben und Hügeln der Umgebung wurden Fragmente verbrannter Knochen, einzelne Skelette und komplexe Bestattungen gefunden. Ihre Untersuchung mit naturwissenschaftlichen Methoden hat die Geschichte der Mobilität, der Ernährung und der Krankheiten in neuem Licht gezeigt. Isotopenanalysen erzählen von Herkunft und Wegen, DNA-Analysen zeigen Verwandtschaftsbeziehungen, Radiokarbondaten verdichten Chronologien. Doch jedem Bohrkern und jeder Probenentnahme steht die Frage gegenüber, wie weit Forschung gehen darf. Angehörige im rechtlichen Sinn gibt es nach Jahrtausenden nicht mehr. Dennoch beanspruchen Gruppen spirituelle Verantwortung, besonders bei einer Stätte, die in der Gegenwart wieder rituell genutzt wird. Aus dem Besucherzentrum wurden zeitweise Skelette entfernt, aus Rücksicht auf Gefühle und Rituale. An anderen Orten bleiben menschliche Überreste ausgestellt, weil man aufklären und Wissen teilen will. Zwischen diesen Polen bewegen sich die Entscheidungen.
An einem Sommernachmittag spricht im Schatten des Besucherzentrums der Archäologe Mark zu einer Gruppe, in der Familien, Studierende und ältere Reisende stehen. Mark erklärt, wie eine Probe entnommen wird, wie man kontaminationsfrei arbeitet und warum ein Zahn oft mehr verrät als ein Knochen. Ein Junge fragt: „Dürfen wir das einfach so?" Mark lächelt kurz und sagt: „Wir dürfen gar nichts einfach so. Für jede Probe gibt es Anträge und Prüfungen, und es gibt Gespräche mit Menschen, denen diese

Frage wichtig ist." Diese Antwort beschreibt den Prozess. Denkmalschutzbehörden prüfen, Komitees wägen ab, Forschende rechtfertigen ihren Bedarf, religiöse Vertreter formulieren Anliegen. Das ist langsam und manchmal mühsam, doch es ist Teil eines Respekts, der das Monument in die Gegenwart holt.

Die Aushandlungen zwischen Forschung, Öffentlichkeit und Politik zeigen sich besonders deutlich in den großen Infrastrukturfragen. Die Politik verspricht Lösungen für Staus und Verkehrssicherheit. Die Forschung warnt vor nicht wieder gut zu machenden Schäden. Die Öffentlichkeit ist gespalten. Teilen der Region gilt eine verbesserte Straße als wirtschaftliche Notwendigkeit, anderen als Risiko für das Erbe. Petitionen sammeln Unterschriften, Ratsversammlungen füllen Säle, internationale Gremien geben Stellungnahmen ab. Aus dieser Gemengelage entstehen Entscheidungen, die vor Gerichten überprüft werden. Fristen verstreichen, Beschlüsse werden erneuert oder aufgehoben, Gutachten werden ergänzt. Das Monument ist dadurch ständig im Gespräch, und dieses Gespräch ist selbst ein Teil seiner modernen Geschichte.

Auch jenseits der großen Schlagzeilen ist Stonehenge in die Politik eingebettet. Budgets für Pflege und Forschung werden bewilligt, Förderlinien vergeben, Prioritäten gesetzt. Ausgrabungen sind heute selten und gezielt, Prospektionen mit Geomagnetik, Bodenradar und LiDAR decken großflächig Strukturen auf. Die Entscheidung, wo überhaupt noch gegraben werden sollte, ist Teil der

Verantwortungsabwägung. Jede Schnitterweiterung löst ein Stück Archiv auf, denn Erdschichten kann man nur einmal öffnen. Deshalb strebt man nach Nichtinvasivität, wo es sinnvoll ist, und setzt invasive Eingriffe dort ein, wo die Erkenntnischance außergewöhnlich hoch ist. Die Öffentlichkeit sieht davon nur Ausschnitte, etwa wenn Ausstellungen neue Funde zeigen oder Medien spektakuläre Visualisierungen verbreiten.

Im Alltag der Anlage geht es oft um sehr Konkretes. Die Frage, wie viele Menschen gleichzeitig nahe an die Steine herandürfen. Die Frage, wie weit ein Seil stehen muss, damit Fotos gelingen, ohne dass jemand einen verbotenen Schritt wagt. Die Frage, wie Informationstafeln gestaltet sein sollten, damit sie leiten, ohne zu dominieren. Der Guide Anna führt eine kleine Gruppe entlang des markierten Pfads. Ein Mann bleibt stehen und richtet sein Handy an den Himmel. Er sagt: „Ich will die Sonne über dem Heel Stone einfangen." Anna nickt und erklärt, dass die axialen Bezüge und die Schrägen im Gelände dazu verleiten, jeden Tag eine perfekte Kulisse zu erwarten, dass aber nur an wenigen Tagen im Jahr die Linie wirklich so fällt, wie es in Bildern oft gezeigt wird. Erwartung und Wirklichkeit kalibrieren sich hier immer wieder neu.

Der moderne Umgang mit Erhaltung ist eng mit Messung verknüpft. Hochauflösende Scans erfassen Veränderungen an den Steinen in einer Genauigkeit von Bruchteilen eines Millimeters. Vergleichsaufnahmen aus verschiedenen Jahren zeigen, wo Kanten aufbrechen, wo Hohlräume wachsen, wo Risse sich verändern. Sensoren im Boden registrieren

Feuchtegrade und Temperatur, in der Umgebung werden Windprofile erfasst, die auf Böenstärke und Turbulenzen schließen lassen. Diese Daten fließen in Entscheidungen. Wenn eine Bö der ersten Frühjahrsstürme angesagt ist, werden bestimmte Bereiche vorsorglich gesperrt. Wenn der Sommer zu trocken ist, wird das Mähen angepasst, damit die Grasnarbe nicht ausdünnt. Wer das für pedantisch hält, sollte sehen, wie scharf der Übergang zwischen schützendem Knaulgras und offenen Stellen sein kann, an denen Erosion sofort greift.

Über die Jahre wurde Stonehenge immer wieder restauriert und stabilisiert. Teilweise mussten Steine neu fundamentiert werden, um ein Kippen zu verhindern. Die Eingriffe sind dokumentiert, und sie gehören seitdem zur Geschichte des Ortes. Sie sind Spuren der Moderne, die die Langzeitperspektive sichern. Die Frage, was authentisch ist, stellt sich deshalb weniger als Gegensatz von Alt und Neu, sondern als Frage nach dem Erbe. Authentisch ist das gewachsene Ganze mit seinen vielen Schichten, seinen Narben und seinen Lösungen. Ein Deckstein, der heute auf Zapfen sitzt, die im frühen 20. Jahrhundert gesichert wurden, trägt immer noch die Kraft einer Idee, die in der tiefen Vorgeschichte geboren wurde. Dieses Ineinander ist nicht Makel, sondern Ausdruck einer lebendigen Überlieferung.

Als globales Symbol trägt Stonehenge viele Bedeutungen. In der Wissenschaft steht es für die Fähigkeit früher Gesellschaften, Raum zu ordnen, Steine zu bewegen und Himmelsläufe in Architektur zu übersetzen. In der Popkultur steht es für Rätsel und Anziehungskraft. Es taucht in Filmen und Musikvideos auf, in Werbekampagnen und Computerspielen. Es ist ein Motiv, das ohne Worte erkennbar ist. Das kann Wissensvermittlung befördern, denn Neugier ist ein guter Anfang. Es kann auch Klischees verfestigen, wenn komplexe Geschichte auf eine magische Kulisse reduziert wird. Zwischen beidem liegt die Aufgabe der Vermittlung. Im Besucherzentrum inszeniert die Ausstellung die Landschaft als Bühne und zeigt, wie Cursus, Rundhügel und Wege den Blick lenken. Draußen wirkt die Weite, drinnen arbeiten Artefakte, Modelle und Projektionen. So entsteht ein Zusammenspiel, das die Faszination erhält und zugleich in Erkenntnis übersetzt.

Der Tourismus ist Motor und Herausforderung zugleich. Die Einnahmen sichern Pflege, Forschung und Vermittlung. Die Massen verlangen nach Parkplätzen, Gastronomie und Infrastruktur. In der Region profitieren Hotels und Betriebe, in den Dörfern wächst die Sorge vor Verkehrsbelastung. Die Verwaltung reagiert mit Besucherlenkung und Kooperation. Es gibt Kombitickets für die weite Landschaft, Hinweise zu alternativen Routen, mehrsprachige Angebote für Schulklassen. Der Erfolg lässt sich in Zahlen messen, doch er wird an der Atmosphäre des Ortes gemessen. Wer in einer klaren Winternacht den leisen Schritt der Menschen auf dem gefrorenen Boden hört und den Himmel über den Steinen sieht, versteht, warum Respekt nicht verordnet werden kann. Er muss eingeübt werden.

Im Diskurs um die Moderne spielt die Stimme derjenigen eine

Rolle, die Stonehenge rituell nutzen. Tom steht mit einer kleinen Gruppe am Morgen der Wintersonnenwende im Gras. Er trägt einen Mantel aus Wolle und hält einen schlichten Stab. Wenn er spricht, ist es keine Beschwörung, sondern eine Bitte. „Wir möchten nahe an die Steine, aber wir wollen nichts beschädigen. Wir achten auf das Gelände, wenn wir singen und schweigen." Später diskutiert Tom mit der Managerin Helen über Wege, Abstände und Zeiten. Beide hören einander zu. Solche Gespräche bestimmen den Ton. Sie sind nicht spektakulär, aber sie prägen den Alltag. Die Moderne lässt sich an Stonehenge nicht in großen Gesten festmachen, sondern in der Art, wie Kompromisse gefunden und gelebt werden.

Die internationale Ebene bringt weitere Perspektiven. Der Welterbestatus verlangt Berichte, Monitoring und Reaktionen auf Veränderungen. Die Frage, ob ein Projekt den außergewöhnlichen Wert gefährdet, wird nicht allein vor Ort entschieden. Fachgremien prüfen, Kommissionen beraten, Delegationen besuchen die Stätte. Das schafft Druck, aber auch Schutz. Es zwingt dazu, Vorhaben in größeren Zusammenhängen zu denken. Nicht nur Sichtachsen sind wichtig, sondern auch akustische Eindrücke, die Lesbarkeit des Geländes, der Zusammenhang zwischen Kernzone und Pufferzone. Eine Trasse, die auf einer Karte gut aussieht, kann im Gelände eine Zäsur bilden. Eine technische Lösung, die lokal funktionieren mag, kann an anderer Stelle ungeahnte Probleme auslösen. Diese Weitsicht ist kein Luxus. Sie gehört zum Auftrag, der im Titel Welterbe steckt.

In dieser Gegenwart gibt es immer wieder Momente, in denen sich Aufregung legt und Klarheit entsteht. Bei einer Führung für Kinder lässt Anna die Gruppe sich hinsetzen. Sie zeigt mit der Hand über die Ebene. Die Kinder zählen die Hügel am Horizont, sie suchen die Linie zum Fluss, sie erkennen die leichte Erhebung der Avenue. Anna sagt: „Man muss nicht alles verstehen, um das Große zu fühlen. Aber wer genauer hinschaut, sieht mehr." Der Satz bleibt hängen. Er beschreibt das Verhältnis von Wissenschaft und Staunen. Die Moderne hat Werkzeuge, die tiefer blicken lassen, als es je möglich war. Sie kann Daten verknüpfen, Szenarien durchspielen, Materialien in ihren Atomen lesen. Sie kann aber den Kern nicht ersetzen, der aus Respekt und Aufmerksamkeit besteht. Die öffentliche Kommunikation gehört zu den anspruchsvollsten Aufgaben. Schnell verbreiten sich vereinfachende Deutungen. Mal wird Stonehenge als Kalender erklärt, mal als Heiligtum, mal als Versammlungsort, mal als Observatorium. In Wahrheit ist es alles und mehr. Die Forschung zeigt Phasen, Umnutzungen und Schichtungen. Sie zeigt, dass Bauteile versetzt und neu arrangiert wurden. Sie zeigt die Einbindung in eine Landschaft, die selbst wie ein riesiges Archiv ist. Wer in der Vermittlung zu rasch auf eine Antwort zielt, verliert die Spannweite. Deshalb versuchen Guides und Medien, die Vielfalt auszuhalten. Sie erzählen nicht nur von der Sommersonnenwende, sondern auch von stillen Nächten im Herbst. Sie sprechen nicht nur über den Kreis, sondern auch über Gräben, Pfostenringe und die entfernten Blickpunkte

auf den Downs. So wächst Verständnis, das langlebig ist.
Die Moderne fordert zudem eine Reflexion über Verantwortung. Der Klimawandel bringt neue Wetterextreme. Längere Trockenzeiten lassen den Boden schrumpfen, Starkregen kann Spülrinnen reißen. Stürme greifen mit anderen Mustern in die Landschaft ein. Die Pflege muss darauf reagieren. Bäume werden anders gesetzt, Wiesen anders gemäht, Entwässerungen geprüft. Gleichzeitig wächst die digitale Welt. Virtuelle Rundgänge öffnen Fernzugänge, ohne den Ort zu belasten. Sie schaffen aber auch neue Erwartungen, denn hochauflösende Bilder und dramatische Animationen können einen falschen Eindruck von Nähe und Freiheit vermitteln. Wer vor Ort dann Absperrungen sieht, fühlt Enttäuschung. Vermittlung muss beide Welten verbinden und ehrlich machen, was digital nicht spürbar ist. Kälte am frühen Morgen, der Geruch feuchter Erde, die räumliche Tiefe eines Decksteins, der in der Luft zu schweben scheint, lassen sich nicht kopieren.
Ein dritter Strang der Verantwortung betrifft die Forschungsethik in Zeiten leistungsfähiger Analytik. Jede neue Methode verspricht Erkenntnis. Jede Probe ist zugleich ein kleines Opfer. Nicht jede Frage rechtfertigt dieses Opfer. Forschende lernen, kluge Fragen zu stellen, die mit schon vorhandenen Daten verknüpft werden können. Sie lernen, dass interdisziplinäre Zusammenarbeit nicht nur Mittel zum Zweck ist, sondern Haltung. Archäologie, Geologie, Biologie, Physik, Informatik und Landschaftsplanung treffen auf Verwaltung, Recht und Pädagogik. Aus diesem Miteinander

entsteht das Wissen, das Stonehenge in der Moderne trägt. Es ist selten die geniale Eingebung, die alles erklärt. Es ist häufiger das langsam wachsende Mosaik.

Bei all dem bleibt Stonehenge auch ein Ort persönlicher Geschichten. Die Familie von Sara reist aus einer Hafenstadt an und erlebt den Kreis im Abendlicht. Der Rentner Ben hat die Anlage vor Jahrzehnten gesehen und staunt über die Ruhe, die jetzt die Zufahrt prägt. Die Studentin Lea skizziert die Linien im Notizbuch, um am nächsten Tag im Seminar über Sichtachsen zu sprechen. Der Lkw-Fahrer David flucht, wenn der Verkehr stockt, und wünscht sich Lösungen, die seinen Alltag planbarer machen. Diese Stimmen sind nicht weniger wichtig als die großen Gremien und Fachberichte. Sie erinnern daran, dass ein Monument ohne Menschen nur Stein ist. Erst im Austausch entsteht Bedeutung.

Das Bild von Stonehenge in der Moderne ist deshalb nicht ein einziges. Es ist ein Geflecht. UNESCO verleiht Gewicht und Anspruch. Management- und Pufferzonen übersetzen das in Geometrie und Recht. Besucherlenkung bringt Rituale des Alltags mit der Pflege der Substanz in Einklang. Infrastruktur- und Tunneldebatten zwingen dazu, über Sinn, Risiko und Wirkung nachzudenken. Erhaltung und Restaurierung sichern Stabilität und machen sichtbar, dass auch Pflege Geschichte ist. Die Ethik der Behandlung menschlicher Überreste zeigt, wie eng Respekt, Wissenschaft und Gegenwart verbunden sind. Die Aushandlungen zwischen Forschung, Öffentlichkeit und Politik prägen den Ton, in dem Entscheidungen fallen. Als globales Symbol spannt Stonehenge eine Brücke zwischen Wissenschaft, Mystik und Tourismus. Diese Brücke ist belastbar, weil sie nicht aus Starre besteht. Sie lebt vom Gespräch.

Am Ende eines langen Tages steht Helen noch einmal allein am Rand des Kreises. Der Wind ist abgeflaut, die Besucher sind gegangen, das Licht liegt flach über der Ebene. In der Ferne zieht ein Fasan durch das Gras. Helen denkt an die vielen Stimmen, an die Papiere, an die Sitzungen und an die kleinen Gesten der Rücksicht, die man tagsüber sah. Dann atmet sie ruhig aus. „Morgen kommen neue Menschen", sagt sie leise. „Und wir fangen wieder an, zu erklären und zu schützen." In diesem Satz steckt die Gegenwart von Stonehenge. Es ist die Arbeit an einem Erbe, das größer ist als eine Generation. Es ist die Anerkennung, dass Monumente in der Moderne leben, wenn man sie klug und geduldig in die Welt von heute einbettet. So bleibt der Kreis aus Stein ein offener Kreis, der Menschen verbindet, Erkenntnis fördert und Respekt verlangt.

Schlusswort

Stonehenge steht seit Jahrtausenden auf der offenen Fläche der Salisbury Plain und hält einen einzigartigen Spagat aus Beständigkeit und Wandel. Das Monument wirkt auf den ersten Blick wie eine Ansammlung aus Stein und Form. Hinter der klaren Silhouette verbirgt sich jedoch eine dichte Geschichte von Planung, Arbeit, Ritual und Erinnerung. Dieses Buch hat deutlich gemacht, welche Teile dieser Geschichte heute belastbar rekonstruiert werden können und an welchen Stellen Deutung und Modell konkurrieren. Aus dieser Spannung bezieht Stonehenge seine Wirkung bis in die Gegenwart.

Zum gesicherten Wissen zählen die großen Linien von Zeit, Bau und Landschaft. Aus Graben, Wall und Eingängen wird ein bewusst gesetzter Henge, der die Sicht in den Raum lenkt und Betreten zu einem Schritt über eine Schwelle macht. Der Sarsenkreis mit seinem Lintelkranz zeigt gezähmte Masse, präzise gefügt über Zapfen und Pfannen. Das Trilithon-Hufeisen im Inneren betont eine Achse, die zum Sonnenaufgang der Sommersonnenwende und zum Sonnenuntergang der Wintersonnenwende ausgerichtet ist. Die Avenue verbindet das Monument mit dem River Avon und schreibt Bewegung in die Ebene. Die Blausteine tragen eine ferne Herkunft in sich, die Reiseroute über Land und Wasser bleibt in Teilen umstritten, doch die Entscheidung für diese Geste ist unübersehbar.

Auch der Landschaftskomplex hat Konturen erhalten.

Durrington Walls, Woodhenge und Bluestonehenge zeigen ein Gefüge aus Orten, die durch Wege, Sichtachsen und Zeiten verknüpft sind. Feuerspuren, Tierknochen und Abfallschichten deuten auf Versammlungen, Speisegemeinschaften und wiederkehrende Ereignisse, die Arbeit und Fest verbanden. Der River Avon fungiert als Korridor, die Downs und Ridgeways als Rücken der Bewegung. Stonehenge wirkt in diesem System nicht isoliert, sondern als Zentrum, dessen Bedeutung aus dem Zusammenspiel mit der Umgebung entsteht.

Der Weg zu diesen Erkenntnissen führt über Methoden, die heute präziser arbeiten als frühere Generationen es für möglich hielten. Radiokarbondaten und Lumineszenzdatierungen liefern Ankerpunkte, Stratigrafie und Schnittbefunde verdichten Abfolgen, Bayes Modelle verbinden Streuungen zu Chronologien. Geochemie und Isotope verknüpfen Artefakte und Menschen mit Herkunftsräumen. Georadar, Magnetik und LiDAR lesen unter Gras und Boden ein stilles Archiv aus Gruben, Pfostenreihen und alten Wegen. Jede Methode hat Stärken und Grenzen. Verlässliches Wissen entsteht dort, wo mehrere Linien unabhängig auf dasselbe Ergebnis zulaufen.

Die gesellschaftliche Dimension wird über Logistik, Organisation und Ökonomie sichtbar. Ohne Mobilisierung von Arbeitskraft, Werkzeug, Holz, Nahrung und Zeit wäre kein Stein gerückt worden. Spuren einer Festökonomie in Durrington Walls, Spuren spezialisierten Handwerks an

Sarsen und Blaustein, Spuren einer Führung, die Aufgaben, Zeichen und Gaben in Einklang bringen musste, spiegeln sich in den Bauteilen. Wessex Netzwerke verbinden Regionen, Rohstoffe und Ideen und lassen das Monument als Knoten einer weiten Austauschlandschaft erscheinen. Rituale wirken hier nicht als Nachklang, sondern als Antrieb, der Arbeit, Verbindlichkeit und Erinnerung zusammenführt.

Gleichzeitig bleiben strittige Felder bestehen. Die Frage nach astronomischen Funktionen reicht von solstitialen Markierungen bis zu aufwendigen Kalenderentwürfen. Sichtlinien und Station Stones bieten Angaben, doch Reichweite und Absicht sind nicht in jedem Detail zu entschlüsseln. Auch der Wechsel von Holz zu Stein und die Deutung als Gegenüber von Leben und Ahnen ist plausibel, aber nicht vollständig beweisbar. Interpretationen müssen sich daher immer wieder an neuen Daten messen lassen. Der Reiz von Stonehenge liegt nicht darin, jede Lücke zu füllen, sondern darin, gesichertes Wissen von tragfähiger Vermutung zu trennen.

Die Gegenwart stellt eigene Aufgaben. Stonehenge trägt den Status eines UNESCO Welterbes und steht unter dem Schutz eines eng gefassten Managements. Besucherlenkung, Infrastruktur und Erhaltung fordern Entscheidungen, die zwischen Zugänglichkeit und Schonung vermitteln. Restaurierte Setzungen, Stabilität der Lintel, Erosionsschutz und die Frage, wie mit menschlichen Überresten würdevoll und wissenschaftlich verantwortbar umzugehen ist, gehören zu einer Ethik, die den Ort als Kulturgut versteht. Forschung, Öffentlichkeit und Politik teilen die Verantwortung, die Bedeutung nicht zu überformen und dennoch zu erklären.

Offene Fragen bleiben zahlreich. Der genaue Ablauf der frühen Blaustein Phasen, die Gründe für Umbauten und spätere Stillstände, die Rolle einzelner Steine wie Heel Stone oder Altarstein in sich wandelnden Ritualen, die konkrete Organisation von Transport und Setzung über Saison und Generation hinweg, die soziale Zusammensetzung von Bauleuten, Pilgern und Trägern von Autorität. Auch die Gewichtung von Prozession, Heilritual, Ahnenkult und Himmelsbeobachtung verlangt weiterhin Modelle, die Daten und Plausibilität ausbalancieren, ohne die Vielfalt der Funktionen zu nivellieren.

Der Blick nach vorn wird von methodischen Fortschritten getragen. Nicht invasive Prospektionen vergrößern die Reichweite, ohne den Boden zu öffnen. Mikromorphologie, Residuenanalysen, Isotope und Proteine verfeinern Aussagen über Herkunft, Ernährung und Mobilität. Digitale Zwillinge dokumentieren Zustand und Veränderung und ermöglichen Vergleiche über Jahrzehnte. Experimentelle Archäologie testet Hebe und Setzverfahren und lässt Belastungen und Risiken greifbar werden. Archive werden zusammengeführt, Daten offen zugänglich gemacht, und regionale Projekte binden Gemeinden ein, deren Landschaft mit dem Monument verwoben ist.

Am Ende zeigt Stonehenge mehr als die Summe seiner Steine.

Das Monument macht erfahrbar, wie Wissen wächst, indem es sich der Prüfung stellt, und wie Vermutungen ihren Wert behalten, solange sie als Einladung zum Denken verstanden werden. Die weite Ebene, die klare Achse, die schweren Lintel und die stillen Gräben halten eine Erinnerung an Gemeinschaften, die sich selbst im Spiegel eines großen Bauwerks vergewisserten. Dieses Echo erreicht Menschen bis heute. Wer Stonehenge betrachtet, sieht nicht nur Vergangenheit, sondern ein Gespräch über Orientierung, Zugehörigkeit und Maßstäbe.

Die Quintessenz lautet daher, dass Gewissheit und Rätsel einander nicht ausschließen. Verlässliches Wissen schafft Halt, das Ungeklärte hält die Neugier wach. Beide Kräfte zusammen machen Stonehenge zu einem Ort, der Forschung antreibt und zugleich Demut lehrt. Der Horizont über der Salisbury Plain bleibt offen. Neue Messungen, neue Analysen und neue Fragen werden folgen. Jede sorgsame Antwort stellt die nächste Frage schärfer. In diesem Sinn endet die Lektüre nicht, sondern setzt sich fort im Blick auf ein Monument, das weiter spricht, solange Menschen bereit sind, ihm zuzuhören.

Ich hoffe es hat Ihnen gefallen. Wenn ja, bewerten Sie mich auch gerne mit 5 Sternen auf Amazon.

Ihr

Jonas Winterbach

Printed in Poland
by Amazon Fulfillment
Poland Sp. z o.o., Wrocław

61262461R00136